U0573379

文成公主传

周丽霞　编著

国文出版社
·北京·

图书在版编目（CIP）数据

文成公主传 / 周丽霞编著． -- 北京 ：国文出版社，
2025． -- ISBN 978-7-5125-1849-0

Ⅰ．K828.5

中国国家版本馆CIP数据核字第20243BU870号

文成公主传

编　　著	周丽霞	
责任编辑	罗敬夫	
统筹监制	杨　智	
责任校对	周　琼	
出版发行	国文出版社	
经　　销	国文润华文化传媒（北京）有限责任公司	
印　　刷	文畅阁印刷有限公司	
开　　本	880毫米×1230毫米	32开
	6印张	100千字
版　　次	2025年3月第1版	
	2025年3月第1次印刷	
书　　号	ISBN 978-7-5125-1849-0	
定　　价	59.80元	

国文出版社
北京市朝阳区东土城路乙 9 号　　　　　邮编：100013
总编室：（010）64270995　　　　传真：（010）64270995
销售热线：（010）64271187
传真：（010）64271187-800
E-mail：icpc@95777.sina.net

文成公主（？—680年），唐太宗养宗室女。藏籍称"甲萨公主"，意为"汉妃公主"。

贞观十五年（641年），与吐蕃赞普松赞干布（约617—650年）联姻。在她的影响下，汉族的碾磨、陶器、纸、酒等制作工艺，以及历算、医药等知识，传入吐蕃。

据藏文史书云，今拉萨小昭寺是其所建。今大昭寺、布达拉宫等处有其塑像，布达拉宫等处绘有她的进藏故事壁画。

目 录

第一章

许嫁吐蕃

李渊建立大唐王朝

公元581年，北周外戚杨坚受北周静帝的禅让，建立了隋朝。这个杨坚，就是历史上的隋文帝。隋文帝的手下有一个叫李渊的大臣，他的姨母是隋文帝的独孤皇后，所以隋文帝特别亲近、器重他，曾让他担任了谯州、岐州、陇州三州的刺史。

李渊是十六国时期西凉的开国君主李暠的后裔，世代显贵。李渊的祖父李虎，在西魏时官至太尉，与西魏名将宇文泰、太保李弼、大司马独孤信等同保魏室，是西魏八柱国之一，并曾被赐姓为大野氏。

李虎去世以后，宇文泰的儿子宇文觉废掉了西魏的皇帝自立，建立北周，并追封李虎为唐国公。直到杨坚官至北周的大丞相后，李家才恢复本姓。李渊的父亲李昞，在北周时历任御史大夫、安州总管、柱国大将军，并袭封唐国公。李昞的妻子，是隋文帝独孤皇后的姐姐。

北周武帝天和元年（566 年），李渊在长安出生了。李渊七岁时，父亲李昞去世，李渊袭封为唐国公。他长大后，为人洒脱、性格开朗、待人宽容，无论是贵族还是地位卑微的人，都非常喜欢跟他打交道。

李渊在隋炀帝杨广即位之初，先后做了荥阳（今河南荥阳）、楼烦（今山西静乐）两个郡的太守，后来又被任命为殿内少监、卫尉少卿。

隋炀帝大业九年（613 年）春，隋炀帝第二次征伐高句丽，李渊负责督运粮草。六月，贵族首领杨玄感利用民愤举兵反隋,李渊奉隋炀帝之命镇守弘化郡(治所在今甘肃庆城),兼知关右(泛指潼关以西地区)诸军事。此后,李渊广交天下豪杰。

大业十一年(615年),李渊调任山西河东慰抚大使,负责镇压农民起义军。在到达龙门(今山西河津)时,李渊遇上了毋端儿领导的农民起义军,便领兵击败了他们,并收编了万余人。随后,李渊又击败了绛州盗匪柴保昌,降其部下数万人。

大业十二年(616年),李渊升为右骁卫将军。当时,北方的少数民族部落突厥侵犯边塞,隋炀帝便让李渊、马邑郡守王仁恭一同向北攻击突厥。但是,他们的兵马很少。于是,李渊选出擅长骑射的两千骑兵进行训练,吃住骑射都仿效突厥兵。他还另外挑选了很善于射箭的士兵作为埋伏,当突厥兵涌入伏击圈的时候,李渊下令攻击,一举打败了突厥。

大业十三年(617年),李渊正式出任太原留守、晋阳宫监,成为这一地区的最高军政长官。他奉命率兵征讨历山义军领袖甄翟儿,并大获全胜。

在镇压农民起义过程中,李渊招降纳叛,不断扩充自身实力。李渊次子李世民深知隋朝必亡,也暗中结交豪杰,网罗各种人才。后来,反隋的队伍蜂拥而起,身在江都的隋炀帝众叛亲离,李世民与好友也密谋起兵。

二月,李渊治下驻马邑的鹰扬府校尉刘武周发动兵变,杀死马邑太守王仁恭,并占据马邑,自称天子。隋炀帝闻讯后大怒,要提李渊到江都治罪。面对危急的情势,李渊最终听从了李世民等人的劝告,起兵反隋。

七月,李渊率军三万誓师,以"废昏立明,拥立代王,匡复隋室"的名义正式起兵,将直捣关中。誓师后,李渊与长子李建成、次子李世民一起挥师南下。李氏父子进军神速,很快攻入长安。随后,李渊宣布尊隋炀帝为太上皇,拥立其孙代王杨侑为帝,改元义宁,杨侑就是隋恭帝。

隋恭帝杨侑封李渊为唐王、大丞相、尚书令;封李渊长子李建成为唐王世子;封李世民为京兆尹,后改封秦国公;封李渊第四子李元吉为齐国公。于是,李氏父子完全控制了关中局势。

隋恭帝义宁二年(618年),李世民又被封为赵国公。三月,隋炀帝在江都被禁军叛将弑杀。五月,隋恭帝被迫退位。李渊就在长安即皇帝位,国号唐,建元武德,定都长安,他就是唐高祖。

李渊即位之后,以次子李世民为尚书令。不久,李渊又立长子李建成为皇太子,封次子李世民为秦王,封四子李元吉为齐王,还封堂侄李道宗为左千牛备身、略阳郡公。

李道宗,字承范,是李唐王朝的宗室。他是西魏、

唐高祖

扫除乱略海内咸服
太宗为子成功乃遽

唐高祖

（〔明〕朱天然撰《历代古人像赞》,刊于 1498 年）

北周八柱国之一李虎的曾孙,北周梁州刺史李璋之孙。

他的父亲李韶,此时已经去世,被追封为东平王,追赠户部尚书。

屡立战功的李道宗

唐朝建立之初,所控制的疆域只限于关中、河东一带,尚未完全统治全国。因此,李渊经常派遣儿子李世民、李建成、李元吉出征,逐步消灭了各地的军阀割据势力。

武德二年(619年),刘武周投靠突厥,被封为定杨可汗,他派手下大将宋金刚勾结突厥,攻入河东,占领太原,李元吉大败而逃。十一月,秦王李世民率军自龙门关过黄河,屯兵于柏壁(今山西新绛县万安镇柏壁村),与刘武周的主力宋金刚军对峙,并同固守绛州的唐军形成掎角之势。

李世民此次出征的时候，带上了自己的堂弟李道宗。李道宗时年十七岁，英姿勃发，已跟随李世民南征北战很多年，立下了卓越的功勋。李世民对这位少年英雄堂弟很是喜欢，而且还会袒护他。有一次，李道宗在战事中伤到了足部，李世民得知后，亲自帮他敷药。

当时，宋金刚仗着自己人多势众，猛攻李世民军。李世民登上城墙观察敌情，回头便问李道宗："贼人仰仗人多，想邀我决战，你认为我该怎么办呢？"

李道宗答道："宋金刚乘胜而来，其兵锋势不可挡，正好应当用计加以摧败。况且乌合之众不能持久，如能坚守壁垒以挫折其锐气，待其粮尽力屈，可以不战而擒获其众。"

李世民说："你的意见与我相合。"

后来，李世民一直坚守不出，宋金刚军猛攻一段时

间之后,果然因为粮尽而连夜退走。李世民、李道宗立即发兵追击,唐军追至介州(今山西介休),一战而胜,斩获敌军数万人,彻底击溃了敌军。宋金刚、刘武周先后背弃突厥,被其所杀。此次唐军夺回河东要地,对巩固关中、争夺中原具有重要意义。李道宗也在其中立下了汗马功劳。

随后,黄河流域形成了夏政权窦建德、郑政权王世充与唐王朝的三足鼎立之势。

武德三年(620年),李世民、李道宗奉命率军东征王世充。王世充、窦建德联合起来对抗李世民的军队。

武德四年(621年),李道宗跟随李世民在洛阳、虎牢关大破窦建德的军队。随后,唐军又在李道宗的率领下以少胜多,逼得王世充在洛阳城内投降。至此,中原主要地区落入了大唐手中。

武德五年(622年),窦建德旧部刘黑闼死灰复燃,自称汉东王,并举兵反唐。于是,李道宗又跟随李世民征讨刘黑闼。

一天,李世民、李道宗在救援部将的时候,被刘黑闼的部队给包围了,李道宗拼死保护李世民,防止李世民受伤。但是,敌人越来越多,包围圈也越来越小。危急时刻,尉迟恭冲入包围圈浴血奋战,救出了李世民、李道宗。这段同生共死、患难与共的经历,让后来的李世民非常器重尉迟恭、李道宗。随后,唐军重整旗鼓,重新攻打刘黑闼,并取得了胜利。

十一月,唐高祖李渊封宗室李道宗等十八人为郡王,并任命李道宗为灵州(在今宁夏吴忠)总管。当时,朔方割据势力梁师都占据夏州,并派遣其堂弟梁洛仁带领几万突厥兵包围灵州。李道宗据城固守,并寻隙出击,大败突厥军。

唐高祖李渊闻讯后,对李道宗称赞不已,并对左仆

射裴寂、中书令萧瑀说:"如今道宗镇守边陲,以寡制众。从前魏朝任城王曹彰有退敌之功,道宗勇敢与之相似。"于是封李道宗为任城王。

其后,东突厥与梁师都相互勾结,侵扰唐境。李道宗采取据城固守、待敌懈怠的策略,一举击败东突厥,并向北开拓疆土千余里。

武德八年(625年)的七八月,东突厥再次分路南下攻击骚扰唐朝边境。李道宗率军击败了来犯灵州的突厥军,巩固了唐王朝的西北边疆。

武德九年(626年)六月初四,李世民在帝都长安宫城的玄武门附近射杀了皇太子李建成、齐王李元吉,史称玄武门之变。唐高祖李渊不得不将军政大权交给秦王李世民。三天后的六月初七,李世民被立为皇太子。李渊下诏说:

自今以后军国事务,无论大小悉数委任太子处决,然后奏闻皇帝。

武德九年(626年)八月,李渊退位称太上皇,禅位于李世民。李世民登基,他就是唐太宗,第二年改元贞观。

唐太宗贞观元年(627年),李道宗被授官鸿胪卿,其后历任左领军、大理卿。

在唐太宗即位之初,活跃在西北边疆地区的突厥、吐谷浑经常侵扰唐境,他们烧杀抢掠,严重破坏了边境的安定。唐太宗任李道宗为灵州都督,让他带兵与突厥作战,以稳定西北边境的局势。

突厥是历史上活跃于蒙古高原、中亚地区的民族集团统称,也是中国西北与北方草原地区继匈奴、鲜卑、柔然以后的又一个重要的游牧民族。

文成公主传

〔清〕姚文翰《历代帝王像》 唐太宗李世民

突厥的先世,一说源自丁零(铁勒)。南北朝时的铁勒,原住在叶尼塞河上游,后南迁高昌的北山(今新疆博格多山)。突厥是铁勒的一部,以狼为图腾,最早居住在准噶尔盆地以北,后来又迁移到吐鲁番盆地西北的博格多山麓。

5世纪中叶,柔然汗国的势力到达准噶尔盆地、塔里木盆地的北部,突厥族人不得不受柔然汗国的役属,并被迫迁居到金山(今阿尔泰山)西南麓。金山形似战盔兜鍪——俗称突厥,突厥族人用来命名其部落。突厥以善锻铁而被柔然称为锻奴。

6世纪时,突厥首领阿史那土门遣使向西魏进献方物。546年,突厥合并铁勒部五万余落(户),势力逐渐强盛。552年,突厥又大败柔然,并以漠北为中心在鄂尔浑河流域建立突厥奴隶制政权。突厥帝国最盛时,其疆域东至辽海(今辽河上游),西濒西海(今里海),北

至北海(今俄罗斯贝加尔湖),南临阿姆河(在今乌兹别克斯坦、土库曼斯坦之间)南。

隋朝初年,突厥分裂为东西两部。贞观三年(629年)十一月,东突厥侵扰河西走廊。唐太宗命任城王李道宗作为大同道行军总管,同时命并州都督李勣为通汉道行军总管,兵部尚书李靖为定襄道行军总管,华州刺史柴绍为金河道行军总管,检校幽州都督卫孝杰为恒安道行军总管,灵州大都督薛万彻为畅武道行军总管,分六路共同反击突厥。各路兵马共十余万,皆受李靖节制。

贞观四年(630年)二月,李靖率领所部大破颉利可汗部。颉利可汗逃往其同母弟阿史那苏尼失处,打算投奔西北的吐谷浑。三月,李道宗领军进逼,让阿史那苏尼失交出颉利可汗,阿史那苏尼失只能举兵投降。李道宗俘获颉利可汗并送回了长安,东突厥随之灭亡。

李道宗因为有功,被赐封六百户,并召拜为刑部尚书。

没过多久,李道宗犯了贪赃枉法之罪。唐太宗知道后,就生气地说:"我拥有四海之富,士兵战马如林,如使车辙之迹遍布天下,不停止地游玩观赏,哪怕是再险要的奇珍异宝,还是海外的珍馐美味,难道不能得到吗?只是因为劳累民众而自我作乐,因而我不愿意为之。人心不知满足,应当以义加以节制。如今道宗已封王爵,赏赐很多而贪求不止,岂不是令人鄙弃啊!"

于是,李道宗被罢免了官职,其封地也遭到削除,只能以郡王的身份遣返回家了。可是,他又很快被召为茂州都督,还未出行,又改任为晋州刺史。

贞观十八年(644年)二月,唐太宗出兵征讨高句丽,他先派营州都督张俭率领轻骑渡过辽河侦察形势。张俭十分畏敌,不敢深入其境。在朝堂上,李道宗奏请率领百骑前往,唐太宗表示同意,并与他商讨返

回的日期。李道宗说："臣请用二十天奔走赶路，留十天观览山川形势，然后回来面见天子。"

唐太宗同意了。李道宗随即喂饱战马，备好行装，接着深入敌境，观察险要的地势，并挑选扎营布阵的便利之处。就在他将要返回时，不巧被高句丽军队察觉，归路被切断。但是，聪明的李道宗另走小路，成功避开了高句丽的堵截，并按期拜见了唐太宗。唐太宗夸赞李道宗说："周朝时的著名勇士夏育、战国时卫国武士孟贲的胆量，恐怕都没有你高吧！"为了表彰李道宗的功绩，唐太宗赐予他黄金五十斤，绢帛一千匹。

后来，唐将李勣采用疑兵之计，秘密北上，带领大军于四月初一渡过辽水，深入高句丽境内。高句丽的将领们都非常害怕，他们都闭门自守。

四月初五，李道宗率领数千人马到达盖牟城，他派折冲都尉曹三良率领十余骑兵来到城门前叫阵，高句丽守军不敢出战。十五日,李道宗、李勣合兵攻打盖牟城。二十六日,他们攻取该城,俘虏两万余人,获粮食十余万石。

随后,李道宗进至辽东城下,高句丽派步骑兵四万余人救援。由于李道宗只有四千骑兵,军中的将领都认为众寡悬殊,不如挖深壕沟、加高壁垒进行坚守,等候大军到来时再战。李道宗却力排众议,却说:"不可!贼人远道而来,其兵必定疲惫,我军定能一鼓作气将其摧毁。我等既为前军,就应当扫清道路以迎大军到来,还等待什么呢?"经过这样的一番鼓舞,李道宗手下的将士士气大增,他们主动出击,与高句丽军展开了激战。然而,打头阵的行军总管张君乂交战不利,不得不败退。于是,李道宗收集散兵,登高观察敌阵,他见高句丽军队阵形混乱,于是率领几十名骁勇骑兵冲击敌阵。另一位将领李勣闻

讯,迅速前来领兵助阵,唐军很快就大败高句丽军,斩首级千余。

几天后,唐太宗御驾渡过辽水,驻扎在马首山(在今辽宁辽阳西南),他对李道宗的英勇大为赞赏。

随后,唐朝大军进至安市城(在今辽宁海城市营城子村),但是久攻不下。李道宗率部在安市城东南筑土山,一步步逼近安市的城墙。他率领士卒们轮番作战,每日高达六七次。他用冲车和石块撞开了安市的城墙垛,但城中的高句丽守军随即用木栅栏来堵住了缺口。在战斗中,李道宗的脚部受伤了,唐太宗亲自为他针灸护理,并赐给他御膳。唐军昼夜不停地加筑土山。六十余日之后,土山顶离城只有几丈,可以俯瞰城内了。

此时的李道宗,让果毅都尉傅伏爱领兵驻守在山顶,以防备高句丽兵突袭。可是,傅伏爱却擅离职守,让数百名高句丽兵抢占了土山。唐太宗大怒,将傅伏爱斩首示众,命诸将攻城。但是,唐军连攻三天也未能夺回土山。李道宗光着脚来到唐太宗的麾旗下请罪。唐太宗说:"你的罪按律应当处死,但朕认为汉武帝杀掉王恢,不如秦穆公赦免孟明视。况且你有破盖牟、辽东的功劳,所以我就赦免你罢了。"

回到长安城以后,唐太宗又让李道宗带兵前往北方边境,与薛延陀部作战。薛延陀是铁勒的一支。李道宗不负所托,灭掉了薛延陀。

李道宗不仅有着出色的军事才能,也有着识人的智慧。大将侯君集,认为自己战功卓著,但没有获得足够高的爵位,心中对唐太宗颇为怨恨不满,常常口出狂言。李道宗从容地对唐太宗说:"君集智小而言大,必为祸首。"

唐太宗问李道宗:"为什么说侯君集必会谋反呢?"

李道宗回答说:"我看见他有忌妒之心,对自己的

功勋也很自负。他常常因为自己的地位在房玄龄、李靖之下而感到耻辱。他虽然官至尚书,但依然怀有郁郁不平之气啊!"

唐太宗说:"君集确实有功劳,也有才干,我怎会吝惜爵位呢?他只是还未轮到像房玄龄、李靖一样罢了。你不应该随意猜测他,让他猜疑自危。"

不久,侯君集谋反事发,唐太宗笑着对李道宗说:"正如你所推测的那样啊!"

贞观二十一年(647年),李道宗因为身体不适,请求做闲职,于是转为太常卿。这时期的李道宗品行端正、礼贤下士、宽宏大量,唐太宗也对他刮目相看。唐太宗在晚年还曾评价说,李道宗是与李勣、薛万彻二人齐名的著名战将。

贞观二十三年(649年),唐太宗生了重病。他自知时日不多,就命令太子李治代理国事。随后,唐太宗在终南山上的翠微宫含风殿驾崩。唐太宗驾崩后，太子李治即位，他就是唐高宗，他改元次年年号为永徽。

永徽四年（653年）二月，房玄龄次子房遗爱、薛万彻、柴令武因为谋反被杀。这一谋反案也牵连了众多的皇亲国戚，其中包括长孙无忌、吴王李恪，以及与长孙无忌结有宿怨的江夏郡王李道宗。在这场血雨腥风的权利斗争中，李道宗受到牵连，被流放象州（今广西象州）。李道宗在路上就病逝了，享年五十四岁。

不过，后来武则天得势，李道宗又被追复爵邑。由此可见，李道宗在唐王朝的地位是非常高的，也是非常受尊重的。因此，李道宗的女儿——文成公主自然也受到了人们的敬重。

弘化公主远嫁吐谷浑

唐朝在灭亡东突厥、薛延陀后,又与吐谷浑发生了几次大的战争。

吐谷浑是活跃在西晋至唐朝时期的位于祁连山脉和黄河上游谷地(今青海)的一个古代国家。

后秦弘始十年(408年),吐谷浑的首领树洛干占据莫河川(又称慕贺川,在今青海同德县),自称为吐谷浑王,号称茂寅可汗。弘始十三年(411年),他挥军击败南凉太子秃发虎台,取得浇河地区。后树洛干被西秦击败,但仍被西秦封为平狄将军、赤水都护。此后,吐谷浑广泛招纳人才,不断壮大自身的势力。其繁盛时期的疆土,东至洮河、龙涸(今四川松潘),西达赤水、白兰,北界黄河,南至大积石山,北望南凉,东接西秦。南朝梁大同六年(540年),夸吕可汗建都于伏俟城(今青海湖附近共和县铁卜卡古城)。

在唐朝建立之初,吐谷浑经常联合西突厥,侵扰唐朝的边境,袭击来往的商人,成为当时唐王朝边境的主要祸患。

贞观八年(634年),吐谷浑伏允可汗按照他的谋臣天柱王的计谋,进袭唐廓(今青海化隆)、兰州,使大唐通往西域的咽喉河西走廊受到威胁。六月,唐太宗派遣左骁卫大将军段志玄率军反击,段志玄追至青海湖后班师回朝。

十一月,吐谷浑再次袭扰凉州。唐太宗大为震怒,下决心大举征伐吐谷浑。十二月初三,唐太宗起用已

经退休的右仆射李靖为西海道行军大总管,以李道宗,兵部尚书、积石道行军总管侯君集为副将。

这次同时出征的还有凉州都督、且末道行军总管李大亮,岷州都督、赤水道行军总管李道彦,利州刺史、盐泽道行军总管高甑生等。

吐谷浑听说唐军将至,就退走到嶂山,避开唐军几千里。诸将商议准备回军,但李道宗却主张坚持追击。主帅李靖最终同意了李道宗的要求。于是,李道宗率领偏师急行军十日,终于在一座大山附近追上了吐谷浑部。

吐谷浑部凭借险要的山势殊死抵抗,李道宗便派千余骑越过大山袭击其后部。吐谷浑腹背受敌,大败而逃。伏允可汗烧尽野草,率轻兵进入沙漠。李靖分兵两路追击,李大亮、薛万彻等部由北路切断其通往祁连山的退路,并迁回至其首都伏俟城。李道宗、侯君集等部由南路追截南逃的吐谷浑军,他们在渺无人烟的苦寒之地行军两千余里,终于追上伏允可汗,并大破其众。

贞观九年(635年),在战争中遭到失败的吐谷浑首领慕容顺率部归顺大唐,被封为可汗、西平郡王。至此,吐谷浑成为唐王朝的属国。

慕容顺死后,年幼的诺曷钵成为吐谷浑的首领。贞观十年(636年),诺曷钵向唐王朝请求赐婚。唐太宗为了团结吐谷浑,巩固西部边疆,决定采取和亲政策。他答应了诺曷钵的请求,允诺将宗室之女弘化公主嫁给诺曷钵。

和亲,在古代也叫和戎、和蕃,是指中原王朝与周边少数民族或者各少数民族首领之间出于各种各样目的而达成的一种政治联姻。它作为当时民族总政策的一个组成部分和一种民族关系的表现形态,贯穿于我

国古代历史的发展过程中,对历史发展有着或隐或显的影响。

中国的和亲政策始于西汉高祖刘邦。当时,西汉政权国力较弱,无法与北方强大的匈奴抗衡。刘邦为了维护边境安定,只得采纳大臣娄敬的策略,让宗室女子以公主或翁主的身份下嫁匈奴单于,由此开启了和亲政策。隋朝时期,为了发展与突厥的关系,隋文帝、隋炀帝将光化公主、安义公主、义成公主等嫁给突厥可汗。

中原王朝的对外和亲,既有主动也有被动。例如,汉初的时候,中原王朝被迫将宗室女子嫁给匈奴冒顿单于、军臣单于、伊稚斜单于;东汉的时候,王昭君曾自愿请命嫁于匈奴呼韩邪单于。

和亲的效果也有好有坏。例如,王昭君出嫁匈奴成功地改善了当时汉朝与匈奴的友好关系,但汉初嫁给匈奴的汉朝公主却没能阻止匈奴侵犯汉朝。

那位嫁给诺曷钵的弘化公主,也叫光化公主,是大唐王朝嫁给少数民族政权的第一位公主,时年十八岁。她于唐高祖武德五年(622 年)出生,其父李道明是李虎的曾孙,是李唐王朝的宗室。弘化公主自幼受到严格的家庭教育,她贤明聪慧,知书达理,人们常常称赞她"孕彩椒房,含辉兰闱"。其中的椒房,指的是古代后妃居住的宫殿;兰闱,指的是妇女居住的内室。后来,人们还在她的墓志铭中这样写道:

> 诞灵帝女秀奇质于涟波,托体王姬湛清仪于桂魄。公宫秉训沐胎教之宸猷,姒幄承规挺璇闱之睿敏。

可见后人对她的评价之高。

贞观十四年(640 年),弘化公主奉唐太宗之命,带着和平的使命,离开了故乡,在左骁卫将军、淮阳王李

道明,以及右武卫将军慕容宝等的护送下,进入吐谷浑的都城伏俟城,与诺曷钵完婚,从此过起了"有城郭而不居,随逐水草,庐帐为室,以肉酪为粮"的游牧生活。

在嫁到吐谷浑的第二年,弘化公主便经历了一次政治危机,险些做了政治斗争的牺牲品。贞观十五年(641 年),吐谷浑丞相宣王掌握了政权,他暗地里招兵买马,阴谋作乱,并打算袭击弘化公主,将她和诺曷钵劫持去投降吐蕃。

弘化公主得知这个消息之后,非常镇定,她不慌不忙地找到自己的夫君,同他商讨应对之策。他们率领轻骑来到鄯善城(今青海西宁),诺曷钵的心腹大将威信王率兵接迎。四月二十七日,鄯州刺史杜凤举、席君买,与威信王合军击破吐谷浑丞相宣王,杀其兄弟三人,平定了叛乱。唐太宗还命民部尚书唐俭持节抚慰吐谷浑民众。有了大唐的鼎力支持,吐谷浑迅速安定下来。从此,吐谷浑每年派使者向大唐王朝进贡。弘化公主作为和平的使者,促进了大唐与吐谷浑的友好关系。

唐高宗永徽四年(653年),在吐谷浑生活了十三年的弘化公主请求回大唐王朝省亲,唐高宗就派左骁卫将军鲜于匡济前往迎接。十一月,弘化公主、诺曷钵到达长安,朝见了唐高宗。弘化公主成为唐王朝外嫁的十几位公主中唯一回过长安的公主。

吐谷浑为了与大唐结成世代的亲戚关系,让诺曷钵的两个儿子又迎娶了唐王朝的公主为妻。双方结成的世代姻亲关系,成为民族团结的一个典范。

后来,吐谷浑与另一个部落吐蕃发生了激烈的矛盾冲突,他们相互攻击,而且各自遣使向唐朝求援,但是,唐高宗保持中立,没有同意任何一方的请求。后来,吐谷浑大臣素和贵因为犯罪逃往吐蕃,泄露了吐谷浑

真实的情况。于是,吐蕃的禄东赞出动精锐之师,乘虚进攻,大破吐谷浑。至此,吐谷浑亡国。

当时,已经四十一岁的弘化公主、诺曷钵率领残部经过长途逃亡,来到了凉州(今甘肃武威)南山,才暂时安定下来。弘化公主可能没有想到,在远嫁吐谷浑二十三年后,自己竟然成为亡国亡家之人。

弘化公主、诺曷钵,还有逃亡到此的吐谷浑部众,在凉州这个地方居留等待了很多年,希望有朝一日能够收复失地,恢复故土。凉州南山的美丽风景,也给弘化公主留下了挥之不去的影响。也许就在这时,弘化公主把凉州南山当作自己的归宿之地。

后来,为了牵制日益向西域扩张的吐蕃,也为了帮助吐谷浑部回归故地,唐王朝派薛仁贵率军攻击吐蕃。但是,大非川一役,唐军大败,这也使得吐谷浑依靠唐王朝力量恢复其势力的希望从此破灭了。从此,吐谷浑作为一个部族，散居于后来的青海、甘肃、陕西、宁夏等地，再也无力复国了。在此情况下，弘化公主、诺曷钵上书唐王朝，希望迁居大唐内地。

但是，唐王朝仍然希望吐谷浑回到故地，以便遏制吐蕃，于是将吐谷浑国王诺曷钵、弘化公主及其部众迁到了鄯州大通河之南。但是，因为此地靠近吐蕃，吐谷浑部落"畏吐蕃之强，不安其居"。

无奈之下，唐高宗又将其迁徙到灵州境内，并设置安乐州，以诺曷钵任刺史，由其自治管理。安乐州的辖境，为今天的宁夏河东中宁、同心、盐池三个地区。

这时的弘化公主已经五十岁了，颠沛流离的生活已经让她憔悴苍老了许多。但是，她没有向命运妥协，依然全力协助诺曷钵励精图治，建设新的家园。

后来，与弘化公主相濡以沫四十八年的丈夫慕容诺曷钵因病去世，其子慕容忠继位，被唐王朝加封为青

海王。六十六岁的弘化公主继续辅佐慕容忠治理安乐州。

武则天称帝以后，改封弘化公主为大周西平大长公主，并特赐弘化公主为武姓。但是，此时的弘化公主已经是一位六十八岁高龄的老人了。

武则天圣历元年（698 年），在安乐州一直生活了二十六年的弘化公主"寝疾于灵州东衙之私第"，享年七十六岁。弘化公主生前辗转奔波于各地，死后葬于凉州。

作为民族团结、和平相处的纽带和桥梁，大唐弘化公主在吐谷浑生活了半个多世纪，为民族团结贡献了毕生心血。这样的丰功伟绩，也让她流芳百世。

吐蕃向唐朝求婚

　　吐蕃，是今天的藏族的祖先建立的政权。原始藏族在汉文史籍中被称为发羌。在6世纪以前，整个西藏高原分布着很多小的国家和部族，多说藏语，其中的一部分是羌人与鲜卑人的后代。这些部族后来合并为十二个小邦，其中以位于西藏山南地区雅隆河谷的一支最为强大，不仅统一了诸邦，而且建立了吐蕃王朝。

　　根据藏族的传说，大约在公元前127年，西藏山南地区的雅隆河谷出现了一位相貌不凡、语言不通的幼儿。当地人很好奇，便问他从哪里来，此幼儿用手指天。

几位苯教(一种原始宗教)领袖便认为他来自天上,并将他背回部落,立为国王。这位幼儿,就是吐蕃传说中的第一位赞普——聂赤赞布。赞普,主要是取其宗教上的含义,强调吐蕃统治者的权力来自上天,后来成为吐蕃统治者的自称。

唐太宗贞观三年(629年),松赞干布承袭父祖基业,成为吐蕃第三十三任赞普。他是一位富有远见的人,能够清楚地认识到自己国家的缺点和不足,并注重学习吸纳强大邻国的先进文化。当时的唐朝,社会稳定,经济、文化高度发展,有着强盛的国力。松赞干布对这个东方邻居产生了仰慕之情。

贞观八年(634年),松赞干布特意派遣使者前往长安,与唐朝交好。唐太宗也对吐蕃的首次朝见十分重视,他在热心地款待使者之后,立即派使臣冯德遐持书信前往吐蕃致意还礼。松赞干布隆重地招待了冯德遐,随后又派遣了一位使者，让他跟随冯德遐到长安拜见唐太宗，正式向唐太宗提出和亲的请求。

当时，除了吐蕃之外，前来求亲的还有东突厥王子阿史那社尔、吐谷浑王诺曷钵。唐太宗同意将衡阳公主、弘化公主分别嫁给阿史那社尔、诺曷钵，但是，因为觉得对吐蕃的了解很少，所以就婉言拒绝了松赞干布使者的请求。

没有完成使命的吐蕃使者，担心回去后会受到松赞干布的责罚，于是捏造事实，将求亲失败的责任推卸到诺曷钵的挑拨离间上。他对松赞干布说："臣刚到大唐的时候，大唐皇帝待我十分热情，甚至已经许诺下嫁公主。但是，吐谷浑王入朝见到大唐皇帝之后说了我们很多坏话，大唐皇帝对我的态度立马变坏了，最后也没有答应我们的请求。"

松赞干布听到使者的汇报后十分愤怒，亲自率领

文成公主传

大军进攻吐谷浑,诺曷钵招架不住,只得逃到青海湖以北的地区。之后,松赞干布又率领二十万大军,围攻唐朝边境重镇松州(今四川松潘),向唐王朝炫耀武力,企图逼迫唐朝许婚。

唐朝的松州都督韩威率众拼死抵抗,并火速派人向京城求援。唐太宗派吏部尚书侯君集为当弥道行营大总管,右领军大将军执失思力为白兰道行军总管,左武卫将军牛进达为阔水道行军总管,右领军将军刘兰为洮河道行军总管,共计步骑五万,驰援松州。

吐蕃大军虽然围困了松州城十余日,但久攻不下。士兵渐渐疲惫,防备也变得松懈了。就在此时,牛进达率领的两万步骑兵,已经作为先锋赶到松州,并一举攻入吐蕃军队的大营。已经非常疲惫的吐蕃军队,根本抵挡不住牛进达铁骑的横冲直撞,霎时便溃不成军了。

正在大营中休息的松赞干布,听到唐军来袭的消息时，非常慌张。他披衣急起，想要亲自前去督战，可刚出军营就看见前面火光冲天，一时间也不知来了多少唐兵。这时，吐蕃的宰相禄东赞匆匆跑来，对松赞干布说："赞普，唐兵强悍骁勇，我军已败，我们还是赶快撤回去，不然就要全军覆没啦！"

听到了这番话，松赞干布窝着一肚子的火，他心里想："松州都没有攻下，怎么还能大撤呢？"于是，他对禄东赞嚷道："唐兵不宣而战，偷偷前来，我要和他们拼个死活！"

禄东赞说："我的赞普，唐兵已经打过来了，再拼下去，损失只会更大。再说，你的原意本是想出兵侵扰一下唐境，让唐朝的天子赐婚。我们要是再打下去，两国就伤了和气。你觉得这事还能有指望吗？"

松赞干布觉得禄东赞说得有些道理，立刻就下达了撤退的命令。吐蕃的军队撤到拉木措雪谷后，松赞

干布在大臣们的护卫下巡视了营帐,安抚了撤回来的士兵。

此时,拉木措雪谷的天空浓云密布,顷刻间便开始飘起了雪花。吐蕃的士兵并不怕冷,他们纷纷将马匹及随军所携带的牛羊驱赶到旷野去放牧。同时,吐蕃的大臣、将领们都齐集在松赞干布的大营中,商议该怎么对待唐朝的问题。

在大会上,大臣俄梅勒赞极力地主张继续对唐用兵。禄东赞则坚决反对,他说:"赞普原意是要请婚,而不是打仗,再说,眼下蕃、唐两家都是强国,就好比两虎相斗,死伤的都是无辜百姓。依臣之见,不如息兵罢战,派得力使者赴长安,表达我们的诚意。"

俄梅勒赞却说:"赞普自登位以来,在天神的护佑下,东征西讨,无往不胜。此次唐兵深入边陲,运粮不便,我们一定可以打败他们!"

　　松赞干布觉得他们两人讲得都有道理，一时犹疑不决。忽然，他的一位侍臣匆匆跑来向大家报告说，小论朗布等八位大臣，听说赞普还要与唐朝打仗，都自缢而死了。松赞干布和在场的人都吓了一跳。

　　小论朗布是一位德高望重的大臣，他与禄东赞一样，都反对松赞干布出兵。早在松赞干布出兵围攻松州之前，他就劝说了赞普好多次。由于他的意见没有被采纳，他就拒绝履职。

　　与小论朗布同时自缢的，还有另外七位大臣，他们都是当年跟随松赞干布的父亲作战的有功老臣。想不到，他们竟然都会以死来力谏松赞干布罢战撤兵。

　　松赞干布对此十分震撼，他含着眼泪对禄东赞说："看来，你和他们的想法是对的。这次出兵，我军损失很大。看到那些死伤的兄弟，我的心里也十分悲痛，我决定撤兵回去。现在，我派遣你为奉唐使，前去向唐朝天

子朝贡,并敬献黄金五千两,珍玩数百件。请你务必拜请唐朝天子,让他赐我一位公主作为妻子。你一定要圆满完成这个使命!"

禄东赞再拜受命,说:"臣以为,和总比战好。与唐朝打仗,对我吐蕃没有什么好处。现在赞普信任我,我将不辱使命。"

过了数日后,吐蕃向唐军统帅侯君集发去了罢兵息战的文书,并主动撤回逻些(今西藏拉萨)去了。说来也奇怪,自从松赞干布决定撤兵并派使者向唐朝求婚以后,连日来一直下着的雪突然停住了。在一个明媚的早晨,禄东赞率领一支装满黄金和各种礼品的驮队,在百名骑兵的护送下向东出发,直往唐朝都城长安驰去。

文成公主的想法

　　强烈建议撤退的禄东赞,是松赞干布得力的辅政大臣之一,他聪明机智,有非常出色的军事才能,为吐蕃立下了赫赫战功。他还主持丈量土地,建立了赋税制度,初步理顺了吐蕃的经济制度,帮助松赞干布完成了统一西藏、保卫边疆、发展社会经济等诸多方面的事业,为吐蕃政权的发展作出了卓越贡献。

　　禄东赞经过长途跋涉,终于抵达了长安城。当时,很多其他部落的使团,也来到了长安城,向唐太宗求婚。

　　这些求婚使节到达长安后,便四处活动,让唐朝京城中的各级官吏和普通民众都得到了他们要和大唐结为姻亲之好的消息。一时间,外族们贡献给皇帝的礼品堆积如山,连国库都存放不下了。朝廷只好在一座偏殿中,腾出一块地方专门来贮藏这些财物。

　　文成公主原先并没有很关心这件事,她想:"这次来求婚的,都是实力强盛的国家,他们的国王、王子当然希望与皇上的亲生女儿配亲,以增进两国的亲善关系。自己虽有公主的封号,但其实不过只是当时皇上的堂侄女。所以,出嫁这种事情,是轮不到自己的。"所以,她就认定唐太宗不会把她送出去。

　　可是,文成公主虽然不是皇帝的亲生女儿,但十分美貌、心地善良、多才多艺,深受众人的喜爱。很多使团都知道文成公主的名声,他们点名道姓,要求唐太宗把这位公主嫁给他们。

文成公主塑像

　　使团们的要求,很快就传到了文成公主那里。公主感觉自己很有可能会出嫁了,于是就开始关心皇帝会给自己找一个什么样的夫婿的问题:长相英俊不英俊,脾气好不好,会不会体贴,等等。

　　有一天,一位太监捧旨来到后宫找到了文成公主,并对她说:"皇上有旨,宣你到九成宫见驾。"

　　文成公主就跟随太监来到了九成宫御书房,只见皇帝和徐贤妃都在。文成公主向皇帝和徐贤妃行了参拜大礼后,便垂手侍立于徐贤妃一侧。

　　唐太宗对文成公主说:"文成,你可能已经知道了,这些天,西南诸国派了五六批使团来为他们的国王、王子请婚,有的还指名道姓要娶你。朕为了偃武修文,保边疆之安宁,已经将皇妹衡阳公主下嫁了突厥可汗,将弘化公主下嫁了吐谷浑可汗。现在,朕正在考虑为你物色一个夫婿招为驸马,不知道你有什么想法?"

文成公主听后说:"陛下,我深受皇恩,只知终身感戴。而且我过去之后,可以向他们宣示大唐天子的恩威,让胡汉永远结为兄弟,解兵息戈,靖边宁境,以报答陛下大恩!"

"好,好,非常好!"唐太宗听了,爽朗地笑着对徐贤妃说,"宗室的女儿都是能顾全大局的。"他又对文成公主说:"只是嫁出去之后,那里生活很苦,住毡帐、餐风沙,与牛羊为伴,你不怕苦吗?"

文成公主说:"要说苦,皇上当年南征北战削平群雄,长年累月人不解甲,那才叫苦呢!再说,我要去的地方是王庭,条件比普通的臣民要好。而且如今,万邦归一,那些胡人肯定会好好待我的!"

这一番话,深深地打动了唐太宗。他感动地说:"你如此通情达理,朕还有什么不满足的呢? 只是这次请婚的有好几个国家,不知你愿意嫁到哪一个国家呢?"

　　文成公主顿时腼腆起来，说："我并不了解各国的情况，但是你何不考察一下各国的请婚使者？哪个国家的使者有德行、有智慧，我就嫁到哪一个国家！"

　　徐贤妃马上表示赞同，她说："公主这个主意很好，哪家的请婚使节能赢得考试，就能说明其国王是位贤明的君主。公主下嫁过去，就能获得一个美满的婚姻。"

六道考题招亲

　　隔了数日,唐太宗决定在婚使中搞一次智力测验,以才智定高下,谁胜利了便可把公主迎去,失败的自然会毫无怨言知难而退。于是,各国婚使间便展开了一连串比巧斗智的竞争。结果技高一筹、富于智慧的吐蕃婚使禄东赞取得了胜利。

　　有关禄东赞出使长安,以及他运用聪明才智破解唐皇的一道道难题,终于为松赞干布娶回温柔善良的文成公主的故事,在藏族民间故事中有许多记载。

　　出第一题时,唐太宗拿出了一根粗细均匀的木

头，让各国请婚使节分辨出这根木头的哪一头更靠近根部。

吐蕃使节禄东赞仔细地分析了这个问题。他灵机一动，忽然想到木头根部的密度会比其他部分大，如果把木头放到水中，那么更靠近根部的部分就会微微下沉。按照这样的方法，禄东赞顺利地答对了第一题。

第二题，唐太宗拿出了一块美玉。这块美玉的中间有一条极其曲折狭窄的孔道，构型十分独特。各国请婚使节需要把一根绫缎穿过孔道。

很多请婚使节想把细线直接穿过孔道，但由于孔道太过曲折狭窄，他们尝试很多次都没有成功，只能放弃。这时，禄东赞则不慌不忙坐在一棵大树下想办法，结果从爬行的蚂蚁身上得到启示。他将一根丝线的一头系在蚂蚁腰上，另一头缝在绫缎上，并在九曲孔眼端抹了一点蜂蜜，把蚂蚁放到曲孔另一端。蚂蚁闻到蜜香，就带着丝线，顺着弯曲的小孔爬了过去。禄东赞见蚂蚁爬出来了，十分高兴，赶紧抓住丝线，慢慢拉扯，最后把绫缎也拉了过来。

第三题，唐太宗命人将一百匹母马和一百匹刚刚出生的小马驹混在一起，要求各国请婚使节将每一匹小马驹和生出它的母马匹配在一起。

面对这个难题，很多人都试图根据毛色和花纹来分辨，但最终都失败了。而禄东赞再次想出妙招，他把所有小马驹都关在栅栏里一天一夜，而且不给它们喂食。第二天，这些饥饿难耐的小马驹都被放了出来，它们各自跑着去寻找自己的妈妈以尽快填饱肚子。用这个方法，禄东赞快速准确地破解了唐太宗出的又一个难题。

第四题，唐太宗命人将一百只小鸡和孵化它们的一百只母鸡混合在一起，要求各国请婚使节将它们

一一匹配在一起。

禄东赞以鸡类的生活习性为解决问题的切入点，他意识到小鸡在进食和遇到危险的时候，一般都会跟随母鸡。所以，他在鸡群进食的时候将母鸡和小鸡分开，然后把母鸡一只一只地放进小鸡当中，这只母鸡孵化出的小鸡自然就会跟随孵化出自己的母鸡了。但是，这种方法并不适合所有的小鸡。禄东赞就命人模仿老鹰等鸡类天敌的叫声，剩余的小鸡因为受到惊吓，都快速奔向了自己的妈妈以寻求保护。

第五题，唐太宗要求各国请婚使节在一天之内吃掉整整一只羊并喝完一坛酒，除此之外还需要自己走回住处去。

很多使者还没有喝完一坛酒就已经醉倒了，有一些虽然喝完了酒也吃完了一只羊，但是已经分不清方位了，更别提自己走回住处去了。禄东赞在去喝酒吃肉之前,就在自己的住处同喝酒吃肉的地方之间牵了一根线,这样,在喝完酒吃过肉之后,他就顺着这根线顺利地回到了住处。

第六题,也是最后的一道难题。唐太宗让文成公主混在五百个宫女当中,她们的穿着打扮完全一致,而且脸上都蒙着盖头。唐太宗让各国使臣从中辨认出哪一位才是真正的文成公主。

很多使臣猜了很多次,但是都没有成功。唯有禄东赞做好了充分的准备工作,并一举成功了。他是怎么一下子就猜到了呢?其实,禄东赞之前就了解到文成公主喜好的一种熏香,这种熏香的味道稀有,能够吸引蜜蜂。轮到禄东赞辨认文成公主的时候,他便放出事先握在手中的蜜蜂,这只蜜蜂被奇香吸引,落在文成公主的身上,禄东赞便成功地通过了最后一项考验。

关于第六题的考法,还有这样的一个说法。当时,

唐太宗请来三百名相貌相似的宫女,让她们穿着一样的衣服,化着一样的妆,分左右两侧排列宫中,令使臣们从中认出文成公主。使臣们被众多相似的宫女弄得眼花缭乱、不知所措。禄东赞却顺利地指出左列中第六位就是文成公主。原来,细心的禄东赞已从服侍过文成公主的奶娘处打听清楚了公主的模样特征,得知公主眉心有一颗小朱砂红痣,因而一认就准。

测试结束后,唐太宗非常高兴,他似乎从聪明机智的禄东赞身上看到了整个吐蕃的兴盛之象,于是欣然答应了吐蕃的求婚,决定将宗室女文成公主许配给吐蕃赞普松赞干布。

文成公主得知吐蕃王十分虔诚和迫切地想要迎娶大唐公主,又听说吐蕃国地域广大,是西南边陲的一个强国,所以她觉得下嫁给吐蕃王也不算辱没了自己。她尽管对吐蕃的情况有了一个初步了解,但好奇心仍然没有得到满足，就决定好好跟吐蕃的使者禄东赞谈谈，以便进一步了解吐蕃。于是，禄东赞在诸国求亲使臣们的一片妒羡的眼光下，被召进宫去晋见文成公主了。

见到文成公主的禄东赞，表现出了一副诚惶诚恐、谦和恭敬的样子。他按照唐王朝的礼节，向公主行了三跪九磕之礼。

文成公主微微点头说："你是吐蕃国的宰相，可以用吐蕃礼相见。"

禄东赞称谢，当即说道："赞普蒙大唐天子许婚，自然就是唐天子的女婿。现在蕃汉已成一家，臣既是赞普的奴仆，也是唐天子的奴仆，自然该用大唐礼仪晋见公主。"

文成公主见禄东赞说话、行事颇合中原礼法，非常高兴，便对他说："不知道你到中原后生活可过得

惯吗?"

禄东赞说道:"小臣自到上国,住在馆驿中,受到朝廷很高的礼遇,牛羊肉、乳酪等从来就没有缺少过。不但如此,小臣还有幸喝到了中原的美酒,吃到了大唐百姓日常吃的精美菜肴和各种点心、饭食,实在是福分不小。"

禄东赞接着说道:"尤其是来到长安以后,小人和几位蕃使在学习中原语言的过程中,聆听了不少儒生讲授的《诗》《礼》经籍,懂得了许多做人做事的道理,臣等深为叹服,也明白了中原的朝廷何以能够建造出如此广大的京城、壮美的皇宫,原来是得益于中原博大精深的文化!"

文成公主没有想到吐蕃使者会这样地好学上进,她忙说道:"你的品格,真是令人钦佩,也给了我很大的启发。我现在已经是赞普的臣民了,将来在吐蕃国生活，我也要学习蕃语，并要适应高原边陲蕃族的习俗。为此，我想在皇上为我准备大婚的这段日子里，学习一些蕃语，更加深入地了解蕃国的情况，不知你能否给予我一些帮助呢？"

禄东赞听了，知道文成公主早已心系吐蕃，深为感动地说："小臣早就听说公主不仅美貌绝伦，而且博学多才，极为贤淑。今天听了公主的一席教诲，小臣更是钦佩。公主下嫁赞普后，同是吐蕃国主，小臣理当侍奉。学习蕃语之事，就由小臣安排，但不知何时可以开始？"

文成公主说道："就从明天开始吧！皇上对于我的婚事十分关心，他曾询问我需要什么作为陪嫁。我想，金玉珍宝，吐蕃国也不缺乏。因此，我想带一些对吐蕃国臣民有益的东西。这件事，也请你予以指点。"

禄东赞听了，更为文成公主周密的考虑所打动，他随即回道："多谢公主对我吐蕃国臣民的仁爱之情。臣

来东土之后,对大唐的建筑技艺、医疗技术深为钦佩。还有,我吐蕃大部分民众都不事农耕,只以放牧为生。公主如能带上一些粮食种子、营造工匠、治病的药方等过去,那么,我吐蕃百姓将永世感戴!"

"你的建议,我一定会认真考虑的!"文成公主接着说,"我想,我们这次既然万里赴蕃,不妨多向皇上要一些实用的东西,说不定将来会对吐蕃国的兴旺昌盛有用呢!"

从此以后,文成公主便天天学习蕃语,了解吐蕃的风俗。她又是一个虔诚的佛教徒,听说佛教在蕃地尚未普及流行,便决心要在嫁过去后弘扬佛法。

和藏王结婚,使汉藏两族世世代代和好,是一件莫大的好事。但是,文成公主毕竟是一个年轻的女子,她要嫁到遥远的地方去,那里没有亲人,风俗习惯又和内地大不相同,内心产生一些不安和忧虑当然也是难免的。

于是,唐太宗给了文成公主许多安慰和鼓励,又命令左右臣下替她准备了丰盛的嫁妆。嫁妆之中,包括各色各样的日用器具、珠宝、绫罗、衣服、装饰物和临时需要的东西,还有中国古代的历史、文学和记载各种生产技术的书籍,以及各种谷物的种子等。

同时,唐太宗还派了二十五名年轻美丽的侍女、一个乐队和许多工匠随同文成公主一同到西藏去。文成公主还带去了一座佛像。

贞观十五年(641 年)春天,唐太宗颁布圣旨,决定派遣礼部尚书、江夏王李道宗为专使,持节护送文成公主进入吐蕃完婚。唐太宗这一任命,既让文成公主高兴,又顺了李道宗最后为女儿尽一份爱心的愿望。

浩浩荡荡的送亲队伍

贞观十五年(641年)春天的一天,文成公主一行,辞别了送行的大臣和王室夫人,辞别了在道旁依依惜别的百姓,带着增进汉藏两族人民情谊的崇高使命,浩浩荡荡地离开了长安,取道青海,前往吐蕃。

文成公主在父亲李道宗等人的护卫下,坐在了一辆缓缓向西行驶的香车上。她的侍女也陪同入吐蕃,侍候起居。

文成公主的送亲队伍十分盛大,前头是五百名禁卫龙骑兵,后面是由十僧十尼护持的释迦牟尼金佛像。

佛像后面的两辆马车,装满了佛学经书、法器、举办佛事用的服饰等。

接下来的几辆马车,装载的是正式的嫁妆,里面有金鞍玉辔、金玉书橱、珠宝珍玩、各种金银饰物,以及各种花纹图案的锦缎垫帔,还有文成公主的日常衣物、衣料数十箱,以及唐太宗赐给松赞干布和文成公主的大婚礼服各数套。

另有卜筮经典三百种,医学论著四种,治病的医方一百种,医疗器具六种,各种史书、诗文著述、营造技艺著述,以及数十袋作物种子、数十种农耕器具等。同行的还有营造工匠三百名。那些载着生活必需品的骡马、骆驼也多达数百匹。

在送亲的路上,唐朝沿途的地方官员都为送亲队伍扫清道路,并列队在城门口迎送。前来观看的老百姓也是人山人海。文成公主在车帘中看到了外面的热

闹情景,听到了官员百姓们的欢呼声和真诚的祝愿,深
受感动。

文成公主的送亲队伍走了后,唐太宗又召见了吐
蕃史节禄东赞。召见仪式是在明德殿进行的。皇帝对
圆满完成使命的禄东赞表示了赞赏,同时对这位中年
蕃使的聪明才智和好学精神也极为欣赏。他对禄东赞
说:"朕将文成公主赐婚给你们的赞普,为了两国永远
和好下去,你已是不辱使命了。"

唐太宗还任命禄东赞为右卫大将军,并想把琅
琊公主的外甥女段氏许配给他。但是,禄东赞却对
唐太宗说:"我已经有了妻子,她是我的父母为我聘
娶的,我不能把她抛下啊!何况,我们的赞普还没有
见到公主,我作为陪臣怎么能够先娶媳妇呢?"

听禄东赞这么一说,唐太宗对他就更加称赞了,并
赐予了他很多财物。但是,禄东赞仍然没有接受。

由唐朝著名画家阎立本所作,真实地记录了近一千四百年前文成公主与吐蕃赞普松赞干布联姻的历史事件的《步辇图》,就描绘出了唐太宗便装接见吐蕃使节禄东赞的情景:

《步辇图》中的坐辇者为唐太宗。唐太宗身着红色便装,雍容大度,面目和善,嘴唇微动,可能正在询问吐蕃使者。

对面三个站立者中间的一人为禄东赞,他头顶小帽,身穿团花窄袖长袍,留着黑密的络腮胡子,脸上布满饱经风霜的皱纹,风尘仆仆中露出精干,拱手肃立,显得毕恭毕敬,看似正在回答唐太宗的询问。

禄东赞前边的穿红袍、长髯者,可能是唐时的典礼官(即翻译);其身后站立的,应该是他的随从

〔唐〕阎立本《步辇图》

官（一种说法是三者中的前者为引班的礼官，后者为典礼官）。

唐太宗步辇的四周还分立着几位娇小玲珑、曲眉丰颊的宫女，有抬辇的，有扶辇的，还有持扇和打伞的，姿态各异。

画中人物的表情、衣饰和姿态，真实生动，其身份和个性特征，都逼真传神，富有极强的写实性，代表了初唐人物画的最高绘画水平。

暂时留在了长安的禄东赞心系故土，他征得唐王朝的允准，修书一封，命手下人日夜兼程，先行入蕃告诉松赞干布文成公主即将前来的消息，让他准备迎亲。松赞干布也亲自率领大队侍从，从拉萨赶往青海南部的柏海（古湖泊名，近黄河源，即今青海鄂陵湖和札陵湖）迎接文成公主。

　　文成公主入藏的行经道路是唐蕃（唐朝、吐蕃）古道。这条道路在很早的时候就已经开辟了，只不过直到唐朝的时候才得以定型。根据考古学资料证明，被雪山封锁的西藏高原，自古以来就不是一个完全孤立的地方，因为高原上的原始居民一直在努力开辟通向内地的道路。

　　居住在河湟地区（黄河与湟水流域肥沃的三角地带，位于青海省东部）的古羌人，为古代内地至西藏交通道路的开辟作出了不可低估的贡献。据《后汉书·西羌传》载，舜帝曾将原居住在今湖南衡山附近的三苗部落集团中的一部，迁移到三危河关（今青海循化县东积石关口外黄河沿岸）西南地区的赐支河（黄河弯曲处）沿岸。那些三苗部众与原来的土著居民长期杂处，融合发展，渐渐形成了强大的羌人部落。羌人逐水草而居，以游牧为生的生活方式使其活动范围大为扩展。

唐蕃古道

羌人活动范围的扩大促进了道路的开辟,也大大带动了道路间的相互联系。

据《后汉书·西羌传》记载,秦厉共公时,有个叫爱剑的戎人被秦人虏获,充当奴隶。爱剑是位有志之士,不甘为奴,于是他想尽办法,寻找机会逃离秦国。后终于逃脱,辗转来到三河——黄河、湟水、大通河(或大夏河)之间,并将他从秦人之地学到的较为先进的农牧业生产技术传授给这里的羌人,使羌人的农牧业生产逐渐获得发展,羌人人口也日益增多。自爱剑以后,羌人发展更快。后来爱剑的后裔们远迁至西藏高原。这说明从秦汉以前,甚至于更早的时候起,河湟地区至西藏间,就已经存在着一条比较畅通的交通路线,它为后来唐蕃古道的形成和发展,以及内地、河湟、西藏等地各族人民的频繁往来和密切联系奠定了基础。

隋炀帝也为这条道路的开辟作出了贡献。581年,

隋文帝杨坚取代北周,建立隋朝。他在全国范围内推行了废郡改州,以州统县的政策,撤销前朝在西北设置的乐都、西平郡,新置西都县。后又改西都县为湟水县,隶属鄯州。

隋炀帝大业三年(607年),鄯州复改为西平郡,领县为湟水、化隆。当时的湟水县,辖境大致包括今天的湟源、湟中、西宁、大通、互助、平安、乐都等地。

当时,已经在青海建立政权的吐谷浑势力较强,不仅阻碍了丝绸之路上正常的贸易活动,而且经常向中央王朝发动攻势。为了炫耀武力,隋炀帝于大业五年(609年)亲自统兵,随带文武百官、妃嫔和各种服役人员等十万余人,从京城出发,车驾西巡。

隋炀帝在今天的甘肃永靖炳灵寺渡过黄河,进入青海,接着来到西平陈兵讲武,操练兵马。他又前往拔延山狩猎,后来又带领军队经西宁至大通长宁堡,最后抵达金山。

金山的战略地位十分重要,隋炀帝首先在此大宴群臣,然后进行了军事布置。他命内史元寿南屯金山,兵部尚书段文振屯雪山,太仆卿杨义臣屯琵琶峡,将军张寿西屯泥山,连营百里,包围了吐谷浑的重要据点覆袁川(今青海祁连)。

隋军在覆袁川大败吐谷浑,吐谷浑可汗伏允率数十骑逃走了。随后,隋朝占据了吐谷浑故地。这一块新开辟的疆土,包含了今青海大部,南疆和甘南川西北一带地方,东西三千里,南北千余里。隋炀帝在此设置了西海、河源、鄯善、且末四郡,并大力进行屯田。

后来,隋炀帝又出祁连山扁都口,前往河西走廊,并在那里接见了高昌王及西域二十七国的使者,随后返回长安。至此,隋炀帝的第一次西巡结束。

隋炀帝这次西巡,实现了他征服吐谷浑、疏通丝绸

之路的心愿。更重要的是,他的这次西巡活动,便利了后来大唐和吐蕃的沟通与交流,间接地为后来文成公主的入藏之行提供了便利。

第二章 公主出嫁

从繁华长安出发

为文成公主送亲的队伍,是从长安城(今陕西西安)出发的。长安位于富饶美丽的关中平原中部,南依秦岭,北临渭河,与雅典、罗马、开罗并称为世界四大文明古都。自公元前11世纪起,先后有周、汉、隋、唐等十三个朝代在此建都。

唐朝的长安城,在西周时称为丰镐。丰镐,是丰京、镐京的合称,分别是由周文王、周武王兴建的。周武王灭商,建立周朝后,便以丰镐为都,此为西安作为都城的开始。公元前202年,刘邦在取得天下之后,定都关

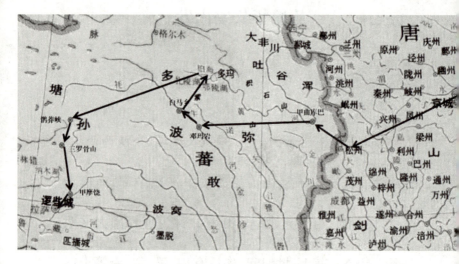

文成公主入藏路线示意图

（图片来源：西藏民族大学学报）

中,在今西安城西北郊建立了长安城。北周建立后,仍以汉长安城旧址为都。

581 年,杨坚受禅代周称帝,成为隋文帝。由于杨坚原是北周旧臣,所以他建立的新王朝,起初仍以旧长安城为都。然而,这只是他的权宜之计,这座自周代兴建的旧都城已经不能适应新王朝的发展需要了。

当时的汉长安城旧址饱受战乱,城墙年久失修,城中宫宇朽蠹,供水、排水严重不畅,污水往往聚而不泄,以致生活用水多受污染,水质咸卤,难以饮用。而且,汉长安城北临渭水,由于渭河不时南北摆动,都城随时有被水淹的危险。于是,隋文帝准备放弃汉都,另择新址。

经过工匠们的勘察,龙首原南区成了首选之地。龙首原南区所在的平原,就是今西安城及其郊区的所在地,它相对于北区来说,地势相对起伏较大,越向东南地势越高,但原面开阔、面积更广。人们以此

地为都城,会有广阔的发展空间。而且,居住在龙首原南区的人们,更便于从东西两面引水入城,从而很好地解决城市用水的问题。同时,原南依靠的山原,可以将都城与渭河远远隔开,让都城远离被洪水淹没的危险。就当时的情况来说,隋文帝把新都定在此地,是经过了缜密考虑的。

自隋文帝开皇二年(582年)起,在建筑学家、工部尚书宇文恺的主持下,工匠们仅用了一年多的时间就在原南建成了宫城和皇城。开皇三年,隋王朝正式迁至新都。因为隋文帝早年曾被封为大兴公,因此他便以大兴命名此城。

自从决策建都到迁都,隋文帝只用了很短的时间。在迁都的时候,除外郭城垣还没有建成外,其他如宫城、皇城、宫殿、官署、坊里、住宅、两市、寺观,以及龙首、清明、永安等城市引水渠道多已建成,可见修建的速度是相当快的。这一方面是由于新都规划完善,组织施工有方;另一方面也是因为新都中的不少宫殿、官署都是从汉长安故城迁建而来的。

隋炀帝继位后,开始开凿运河连接大兴和扬州。大业九年(613年),隋炀帝又动用十余万人建造了外郭城,城市的总体格局至此基本形成。

617年,李渊起兵,攻下了大兴城,随后将其更名为长安城。第二年,李渊建立了唐王朝,并定都长安,还将隋朝兴建的大兴宫改名为太极宫。此后,唐朝历代的统治者对长安城做了多方面的修葺工作。随着社会经济的不断发展,唐王朝渐趋鼎盛,人们对生活质量的追求也不断提高。总之,经历了隋初创建与唐代增修,长安城更加宏伟壮丽,城市规划日臻完善,成为中国古代也是当时世界上最伟大的建筑工程之一。

进入吐谷浑

文成公主一行,走了很长时间后,进入了吐谷浑境内。沿途的地形顿时变得更加复杂了,一会儿是连绵不断的崇山峻岭,一会儿又是一望无际的草原。

道路越来越难走了,尤其是在上坡的时候,送亲队伍只能合起力来手推肩扛,艰难地把车子和物品抬过去。他们还遭遇了带着沙粒的暴风雪,大风夹着沙雹,一连刮了两天两夜,刮得众人连眼睛都睁不开,其间天昏地暗,日月无光。

到了晚上,文成公主和送亲队伍只能住在山谷的低洼处。文成公主的帐篷比较宽敞,并且生了火,所以非常暖和。然而,其他人住的帐篷就比较小了,里面也没有生火。住在小帐篷里面的人,都冻得瑟瑟发抖。文成公主见状,非常同情他们。

一天早上,风在拼命地刮着,送亲队伍在雪原上艰难地向前行进。李道宗来到公主的车前,对她说:"公主,没想到在这塞外的高原上,连春天的天气也如此恶劣,你受苦了啊!"

文成公主对自己的父亲说:"我坐在暖车里,用不着走路,怎么能说我受苦了呢?反而是你们,此番为了我,吃尽了苦头,我内心真有点过意不去啊!"

李道宗与文成公主边走边说,相互鼓励,不仅驱散了公主旅途的寂寞,减少了公主因恶劣天气而产生的烦躁和焦虑,也增加了他们战胜困难的信心和勇气。就在这个时候,负责前卫的龙骑兵中尉突然骑马飞奔

而来,他对李道宗说,自己在前面开路时抓获了一名奸细!李道宗为了不惊动文成公主,就命人先将此人看押起来,等到了宿营地再把他带到大帐审问。

直到夜晚时分,一行人才在一片草滩上停下扎营歇宿,龙骑兵中尉这才将白天抓获的奸细押进了李道宗所在的大帐中。此人约五十多岁的年纪,他身上穿着老羊皮袄,头上戴着一顶毡帽。进入大帐时,他不停地嚷道:"我不是奸细,我要见江夏王爷!"

"你是什么人?"李道宗问。

"小人是河源郡王、弘化公主派来的迎唐使者,奉命在草原上寻找文成公主,哪里是奸细啊!"

"是吗?本人就是江夏王,你有什么凭据可以证明你是河源郡王、弘化公主派来的呢?"李道宗问道。

"小人是郡王府的管家,名叫桑布顿珠,随身带有关防文书。"

李道宗听了此人的话后，立刻叫人给他松绑，并让他将文书呈上。桑布顿珠被松绑后，从怀中取出盖有河源郡王大红印的关防文书，并把它交给了李道宗。

李道宗接过文书便看了起来。那文书上说，河源郡王夫妇获悉文成公主即将进入吐蕃，已奉大唐皇帝的圣旨在天海子建造了一座行宫，请公主及随从等前去休息，等过一段时间恢复体力后再继续前行。

李道宗看了文书后非常高兴，他立刻命人款待桑布顿珠，并向他表达了歉意，说："大管家请原谅，今天我们多多得罪了。"

桑布顿珠说："弘化公主听说文成公主将要莅临敝国，早就像盼星星、盼月亮一样，如今已有十多天寝食不安了。她和河源郡王生怕文成公主走了岔道，所以就派出了十八个人分十八路在草原荒漠上四处寻找文成公主，没想到让我这一路给碰上了。"

李道宗惭愧地说："河源郡王、弘化公主为文成公主考虑得如此周密，实在是太感谢他们了。等我回朝复命时，一定向皇上奏告你们的盛情。这样吧！你今晚就在我们的大营里好好歇一夜，明天在前队领路，我们要直奔天海子。"

李道宗随后将桑布顿珠到来的消息告诉了文成公主，文成公主听后非常高兴。

第二天一大早，庞大的送亲队伍便开始向天海子行进。由于有桑布顿珠领路，所以送亲队伍走得非常顺利，仅仅三天就到达了天海子。

天海子的行宫，虽然是由数十间石屋和土屋组成的，远没有长安城中的皇宫气派，但能有效地挡风遮雨，比帐篷要好多了。行宫前是一个大草滩，地势平坦，还有一条季节性河流从草滩中间流过。此时，风沙已经停了，积雪也渐渐融化了，人们不再感到寒冷了。远处的草原上,有众多的牛羊群,让草原一下子变得宁静、美丽起来。

后来,人们又在天海子行宫的基础上,修建了一座赞普林卡。赞普林卡,意为藏王园林,是西北地区唯一的一座藏王园林。它采用汉藏式建筑风格,处处透露着文化交流的气息。大殿内的一百七十二幅壁画、唐卡(用彩缎装裱后悬挂供奉的宗教卷轴画,是藏族文化中一种独具特色的绘画艺术形式)栩栩如生,对藏区人类的起源、历代藏王的事迹,包括文成公主进藏的故事,以及汉藏文化的传播、藏区的发展,都进行了生动的描绘。

文成公主的队伍到达天海子行宫时,只见宫门内外旌旗飘扬,吐谷浑的河源郡王诺曷钵、弘化公主,率领着盛装的男女臣民,已经恭候文成公主、江夏王李道宗多时。这时,鼓声喧天,爆竹之声不绝,大家行过见

面礼后,弘化公主就含着激动的泪水,一把搂着文成公主哭起来了。

河源郡王、弘化公主在行宫中举行了盛大的宴会,欢快的宴会到了很晚才散席。弘化公主担心文成公主旅途太劳累,便赶紧将她送到了寝宫,让她好好休息,并教了她一些适应高原生活的方法。

第二天,李道宗正打算去答谢诺曷钵,忽然一位吐蕃使者从松赞干布处赶来迎候文成公主。这位吐蕃使者是赞普的内相,他一见到李道宗便禀告说:"我吐蕃赞普蒙大唐天子赐婚文成公主,十分感激,决定亲自率禁卫军到柏海迎接公主和送亲队伍。现在,他已经派了很多人,在柏海建造行宫。"

李道宗说:"赞普对文成公主如此敬重,说明了我们之间的友好关系,自古蕃汉两族本为一家,我们希望他们的婚姻美满、幸福。"

吐蕃内相又说："这里离柏海仅数十天路程,公主不用着急,可以在这里多休息些日子,然后再出发。"

过了些天,文成公主已经恢复了精力,于是李道宗下令起驾,向柏海进发。河源郡王、弘化公主恭送文成公主一百多里,才依依不舍地与他们道别了。

文成公主等人行了数十日,终于在李道宗、吐蕃内相的护卫下到达了柏海。这时,又有吐蕃使者前来禀告说,松赞干布的大帐就在离此不远的柏海边上,他将举行盛大的迎亲典礼,迎接文成公主和随同前来的唐朝使节。

李道宗听后非常高兴,他让送亲队伍就地扎营休息,以便准备参加明日的迎亲大典。

在柏海举行迎亲大典

柏海是古湖泊名,位于今青海黄河源头以东,是今青海鄂陵湖、札陵湖的统称。黄河之水从约古宗列出发,经过星宿海后,依然是一条条涓涓细流,这些小河流都注入了柏海。只有穿出柏海之后,黄河才成为一条名副其实的大河,从此奔腾不息,直下中原,流入大海。

柏海一带地域宽广,水草丰美,是我国古代游牧民族放牧养畜的天然牧场。同时,它地处中原通往西藏的交通大道。据史籍记载,早在先秦时期,羌人的一些部落曾经从此地迁往西藏地区。秦、汉之际,古老的羌人仍然在这一带从事游牧生活,他们饲养的牦牛、绵羊、马等闻名远近。东汉时期,汉军曾来到这里与羌人大战。到了唐代,随着中原与边疆交往的频繁,这里更成了南来北往的重要道路和兵家必争之地。唐太宗贞观九年(635年),唐军与吐谷浑余部在这里进行过河源之战。

柏海是黄河上游的淡水湖。在蓝天白云的衬托下,柏海的景色会变得非常美丽壮观,这或许就是松赞干布带领大批臣民来到这里大兴土木,为文成公主修筑行宫的原因了。

松赞干布所居住的赞普大帐,是一顶非常大的牛皮帐篷,上面饰有各种花纹图案。这顶特制的大帐,可以容纳上百人居住。松赞干布决定在大帐中迎接唐朝的文成公主和送亲大臣。

听到吐蕃大使的报告,得知文成公主第二天就可以到达的消息时,松赞干布兴奋了一夜。他命人在大帐四周遍插旌旗,在帐前的草地上铺上大红毡毯,并让吐蕃的官员都换上鲜艳的衣服。

第二天,松赞干布在精心梳洗打扮后,穿上了饰有无数珍珠的名贵衣服,戴上了一顶缀着一颗很大绿宝石的帽子,亲自来到大帐之外十里之处,迎接文成公主的送亲队伍。

临近中午时分,文成公主的送亲队伍终于到了。松赞干布首先看到的是一位五十多岁的唐朝郡王,他身佩紫金鱼袋,腰挂宝剑,威风凛凛、气宇轩昂地坐在马上。随之而来的,是鼓乐队伍,他们一见到赞普,就在草原上奏响了美妙动听的丝竹之声。

松赞干布知道这位郡王就是江夏王李道宗,便按照中原的礼节,以晚辈身份赶紧向前一步,双膝跪倒在江夏王的面前，并恭敬地说道："臣松赞干布迎接江夏王！"

李道宗见松赞干布竟然屈膝恭迎，如此恭谨地执子婿礼，便赶快下马搀扶，说："赞普请起，大唐天子命小王送文成公主入蕃，因为路途遥远，行程迟误，有劳赞普久候了。"

松赞干布赶快邀请李道宗先行，李道宗拒辞不肯。松赞干布说："王爷是文成公主和臣的长辈，又衔大唐天子圣命莅蕃，自然应该走在前面。"

李道宗听到赞普这么说，便不再客气，走在最前面，率先进入了赞普大帐。松赞干布先请李道宗在帐内宣读贞观天子赐婚给吐蕃赞普的正式诏书，接着向东而跪，恭恭敬敬地听完宣读，然后双手接过圣旨，再向东北方行三跪九叩的遥拜礼。做完这一切后，松赞干布将李道宗引到上座，再以子婿礼进行参拜。随后，

李道宗便请文成公主出来见赞普。

此时的文成公主,早已在香车中盛妆完毕。在一派鼓乐声中,文成公主的奶妈抱着妆盒在前导引,文成公主紧随其后。她的头上梳着高高的发髻,上面缀满了珠翠,一方纱巾盖在头上,肩上披着绣着凤凰图案的大红色丝绒斗篷,身穿一件粉红色的锦缎夹袄,还有一件绣有山川日月的彩色花裙,一直拖到地上。就这样,文成公主缓缓从香车中出来,在一派鼓乐中走进了松赞干布的大帐。

松赞干布拱手迎接文成公主的降临,他见文成公主果然如天仙般美丽非凡,内心非常高兴。当文成公主走到松赞干布身边时,李道宗向她介绍了松赞干布:"公主殿下,这位就是吐蕃的松赞干布赞普!"

文成公主向松赞干布施礼。松赞干布也忙向文成公主欠身施礼,并说:"吐蕃赞普松赞干布恭迎文成公主殿下！"

这时，帐内响起一片欢呼之声。在一派音乐声中，松赞干布上前用手轻轻搀扶着文成公主，缓缓将她送入后帐。公主身后的二十名侍婢，也穿着华丽的衣饰，捧着公主的奁匣（指陪嫁的镜匣）及衣物，随公主前往后帐安顿。

松赞干布迎毕文成公主后，便盛宴款待了江夏王李道宗和其他所有前来送亲的人，席上满是珍馐美味。李道宗代表皇帝向松赞干布赏赐了中原服饰，松赞干布也向唐王朝回献了珍珠玛瑙等贡品。

就这样，松赞干布与文成公主顺利地在柏海成了亲。因柏海到逻些尚有数十日行程，所以李道宗等人便就此告别，回朝复命。在送别的时候，松赞干布又向李道宗行了跪送礼。

在玉树的蜜月之旅

　　松赞干布虽然为了迎接大唐的文成公主,在柏海精心筑馆,并准备了行宫,可是柏海一带地势空旷、人烟稀少,并非久留之地。于是,松赞干布决定带着文成公主移驾玉树(今青海玉树),继续他们的蜜月之旅。

　　松赞干布带领众人翻过高耸的巴颜喀拉山,进入了位于玉树高原的通天河畔。通天河是位于长江上游的一条河流,当地的人将其称为治曲,也就是牦牛河的意思。人们将通天河称为牦牛河,源自一个美丽的神话传说:

　　相传在很久以前,玉皇大帝曾饲养了一头善走的神牛,它身体宽硕,头上长有两只大角,浑身上下长满了又长又厚的绒毛,所以起名为牦牛。玉皇大帝经常派它去驮运东西。这头神牛能驮也能吃,鲜草是它最喜欢的食物。

　　有一天,神牛驮着东西经过玉皇大帝的后花园,看到里面长满了又绿又嫩的鲜草,实在忍不住就进去吃了个精光,把玉帝的后花园都整乱了。玉皇大帝知道后非常生气,就狠狠地踢了神牛一脚,结果踢掉了神牛嘴里的门牙。

　　玉皇大帝的心头之气依然没有消除,他把神牛下放到青海高原中的昆仑山上,限它在三日之内吃光昆仑山的青草。

　　神牛来到昆仑山之后,见这里山高水缺,青草长得又低又矮,就觉得以自己高大的身躯弯腰啃

吃，会非常吃力，在三天之内难以完成任务，于是向玉帝大帝如实汇报。

玉帝大帝一听，再次大怒，将神牛化为顽石，打入昆仑山中。神牛变成顽石，倒也落了个自在。可是，当它看到昆仑山缺水、青草也长不高时，心里不禁有些酸楚。

于是，牦牛便从自己的鼻孔里喷出两股清澈的河水，河水滋润了这里的山冈和草地。从此以后，昆仑山便成了美丽富饶的天然牧场，这两股水流也在日后慢慢汇成了滔滔的通天河。

美丽的传说赋予了通天河独特的气息。在玉树草原上自西北向东南流淌的通天河，也哺育了玉树草原的万物。

文成公主、松赞干布渡过通天河，来到了期待已久的玉树。在藏语中，玉树，是吉祥如意的意思。

黄河、长江、澜沧江均发源于玉树境内。据后世众多的古文化遗存和文献记载，在这片广袤的草原上，古羌人在很早以前就曾在此活动。在南北朝、隋朝时期，玉树为苏毗国（一个大约有十万多人口的羌人部落集团，曾经建立了国家。后被吐蕃征服，变成其属国）、多弥国的一部分，唐朝时为吐蕃辖区。

玉树的盛夏，是令人陶醉的黄金时节。洒脱飘逸的玉树歌舞、精美的玉树服饰，还有帐篷城的异彩、赛马节的盛况，为人们展现出了独特的少数民族文化风情。玉树地区盛行粗犷豪放、欢快热情的舞蹈和高亢悠扬、优美动听的民歌。

每年的七八月份，玉树草原牧草茂盛，一片碧绿，到处盛开着姹紫嫣红、灿若云霞般的各种野花。

藏族人喜欢养马，更喜欢赛马。玉树地区的赛马节是一项传统的节日，在吐蕃盛世之时就已经产

生。隆重盛大的服饰表演,往往被安排在赛马节的最后一天,将节会的气氛推向高潮。玉树藏人的服饰非常华丽,透露着雍容大气。男人的藏袍都以虎、豹的真皮镶边,显得豪气勇武。

在玉树留下千古佳话

　　新婚的文成公主、松赞干布在玉树生活了一些日子后，松赞干布因为公务繁多先行赶回了逻些。在玉树多住了些时日的文成公主，在当地留下了许多佳话。

　　通天河南岸有个风景优美的地方名叫勒巴沟，藏语意为美丽的沟，它海拔三千七百米左右，沟深约十千米。这里山高谷深、古树成荫、碧水成瀑、野花烂漫，有着神奇迷人的自然风光。

　　文成公主途经此地时，就被这里的美景迷住了，她选择在此多住些日子，还让随行的工匠在沟里的石头

上刻下佛经、佛像。

文成公主离开此地以后,当地佛教信徒在此继续刻凿佛经、佛像。如今,这样的石块有数以千万计。无论是在路边的大小石头上、山坡上的石岩峭壁上,还是在小河中光滑的石头上,大凡适宜刻字的地方几乎都被刻上了佛经、佛像。这些石刻有的躺在路边,有的浸润在涓涓流水之中,有的掩映在绿草翠叶之间,它们共同构成了让人惊叹的佛教石刻文化景观。

今天的勒巴沟岩画,带有浓厚的唐代佛教造型艺术风格。从石刻岩画上的体态丰满的唐代侍女和古藏文来看,勒巴沟岩画的创造就是从文成公主入藏时开始的。它象征着佛教文化在这一地区的传承,也见证了汉藏人民自古以来的团结友好。

为了纪念文成公主、松赞干布的到来,当地的人们还在勒巴沟口的石壁上刻了一幅《文成公主礼佛图》。

山神砍来桦柏,编织成道道虹霓彩门,架在贝纳沟之上,他还清理山路,采来鲜花,把直通山下的道路铺成绿荫大道,并在道路两旁摆满金盆银鼎,率领千禽百兽夹道欢迎。

在山下,龙王搭篷设帐,杀牛宰羊,备酒供饮,迎候文成公主。席间,百名龙女轻歌曼舞,为文成公主助兴。

在沟口,当地的众僧侣和无数百姓跪立拜迎,就像迎接佛祖下凡一般。

文成公主走后,远近的僧侣和百姓,纷纷来到贝纳沟观看和膜拜公主留下的印记。很多人还依照公主的做法,在岩崖上凿刻佛像、佛经。久而久之,贝纳沟的大部分岩石和石头都被人们刻上了佛像、佛经。

在贝纳沟,文成公主还通过自己的言传身教,帮助当地藏族百姓学会了驾牛开荒、耕耘播种、垒石砌墙、伐木盖房、纺纱织毯、凿石打磨等。

《文成公主礼佛图》局部

《文成公主礼佛图》局部

今天的我们,依然能够在贝纳沟对面的山坡上,看到文成公主当年教人们开荒种地的田埂。在当地藏族的心目中,文成公主是天上的菩萨娘娘。他们把公主遗留下来的物件当作珍贵的圣物,总会想尽办法加以保护。

文成公主庙

文成公主在玉树停留了两个多月,受到了当地藏族群众的爱戴。当她打算离开此地时,当地群众都纷纷跑来挽留。

一位老阿妈拉着文成公主的手说:"你没吃的了,山坡上有肥壮的牛羊;你没穿的了,我家有挡风的皮袄。这里天气暖和,风景美丽,为什么就留不住你呢?"

文成公主动情地答道:"我喜欢这里的山和水,我不愿离开这里的人和地。但是,我已经在这里住了很长时间,如今赞普要我返回逻些,我又怎能不动身呢?"

老阿妈一看留不住文成公主,就不禁哭了起来。文成公主想了想说:"老人家请不要哭了,我想了个让你天天看见我的办法。"

说着,文成公主站起身来,用她纤细的手指在石崖上画了又画,石崖上立刻浮现出一幅栩栩如生的画像来。老阿妈走到石崖前一看,这个画像和文成公主一模一样,她又惊又喜,忍不住动手抚摸起来。等她回头时,文成公主已经上马动身了。于是,老阿妈流着泪将文成公主一直送到了贝纳沟口。

后来,当地群众对文成公主充满了思念,他们郑重地保留着文成公主所住过的帐房遗址,甚至还把她的足迹和相貌都刻在了石头上,以便能够时刻看见她,想起她。

在贝纳沟的不远处有一座褐红色、精巧玲珑、幽静雅致的小寺院,里面有闻名遐迩的文成公主庙。相传它是由后来入藏的金城公主主持修建的,是为了保存文成公主遗留下来的雕像。

相传,唐蕃再次联姻时,金城公主重走文成公主入藏之路。路过此地时,她发现文成公主遗留下来的雕像造型独特,颇为壮观。为了不使文成公主的功德被风雨剥蚀,金城公主就让人建了这座庙宇,并命名为文成公主庙。此后,这座庙宇作为顶礼膜拜文成公主的活动场所,被人们保存了下来。

文成公主庙的庙堂,设计巧妙、造型奇特、别具一格。庙堂共分三层,内部实为一堂,第一层是双开的大门,第二层是巨大的双扇藏式窗户,第三层又开一排六扇藏式窗户。这两层窗户完全是一种别出心裁的装饰,平时并不能开启。

庙宇的窗子和墙壁都是褐红色的,天晴日丽时远望庙宇,就会看到红光闪闪的景象,犹如赤霞一片。在

庙宇的顶部,有一棵老态龙钟的古柏树,它挺立在岩崖之上,仿佛是盖在庙宇上的一把保护伞。

庙堂内正上方的岩壁上,有九个巨大的佛像浮雕。佛像由几只背向伏卧呈莲花宝座状的雪狮驮着,宝座又由两根粗大的木柱支撑着。主佛即大日如来佛,位于正中,高七米多。主佛的佛面五官端正、眉目清秀、双目正视,显得神态端庄稳重,性情娴静慈祥。

在主佛像的两侧,各有四尊高约四米的菩萨像,分上下两排站立在小莲花座上。这八尊菩萨也都身着对襟翻领胡服。他们个个手持宝物,有的手拿莲花,有的手持金刚杆,有的手捧海螺,有的手托宝瓶,有的手端如意宝食碗,有的手握七星尚方剑,姿态各异,形象逼真,栩栩如生。

主佛与八尊菩萨的排列对称协调、整齐有序,生动地表现了古代的尊卑关系和等级关系。整组浮雕佛像,

文成公主庙

依山就势,安排巧妙,布局合理,构图新颖。人物造型大方,体态丰满,容貌秀美,形神兼备,立体感很强。堂内暗淡的光线和袅袅的香烟,给人一种飘飘欲落之感。

佛像两边,从上至下雕有三尺宽的藏式花边图案,它们与佛像群融为一体,整个浮雕充分显示了古代高超的雕刻艺术水平。大日如来佛像下有一小泉,常年往下滴水,其味甘美,被当地人视为圣水,管庙的僧人常常会友好地接水让游客分享。

第三章

吐蕃生活

进一步了解松赞干布

文成公主离开玉树后，又经过了一些时日，终于穿越唐古拉大雪山来到了逻些。

松赞干布与文成公主按照大唐的礼节，在逻些再次举行了盛大婚礼。全逻些城的人们都为大唐和吐蕃联姻而载歌载舞。在接下来的日子里，文成公主进一步了解了松赞干布的传奇人生。

公元617年，松赞干布出生于吐蕃旧都——亚隆札对园的降巴木决岭王宫（在今西藏拉萨市墨竹工卡县甲玛乡）。他的父亲朗日松赞是吐蕃王朝的第三十二

任赞普,母亲名叫萨颏格姆。松赞干布是朗日松赞的独生子,自然是吐蕃赞普的合法继承者,所以他的家庭和吐蕃臣民都对他寄予了厚望,希望他能给吐蕃和百姓带来更大的幸福和发展。

松赞干布出生以后,就过着豪华优越的生活。当时的亚隆札对园,不仅是政治中心,经济也十分繁荣。那里商贾云集,远方的食盐、布帛,以及松耳石、珠翠等装饰品,都会被运到这里。王宫的仓库中,收藏着各类珍宝、特产。松赞干布就是在这种优渥的物质条件下度过童年的。

松赞干布从幼年起就在骑射、击剑、武术等方面接受了严格训练,这让他在十岁时就已经成为武艺超群的勇士。在文化修养方面,他能背诵赞普的世系,十分熟悉本民族的历史英雄传说。他喜欢吐蕃民歌,长于诗歌创作,常常会在宴会上即兴赋诗;在如今流传下来的吐蕃文学作品中,有很多就是松赞干布写的。

松赞干布的父亲朗日松赞,也十分注重在品德方面提升松赞干布的素质。父亲为松赞干布选择的朋友,都是道德品质好、行为端正、诚实谨慎的人,吐蕃著名的大相尚囊就是其中之一。松赞干布经常与尚囊一同骑射、游猎、唱歌、跳舞,也一起做陆博、围棋等游戏。松赞干布虽是王子,但是他对待朋友都是推心置腹、以诚相见,他性格豪爽而无娇贵习气,因而深得人心。

后来,朗日松赞依靠原苏毗贵族的力量兼并了吉曲河流域等地,并赐给他们领地和奴隶。这样一来,一些新贵族的地位就超越了旧贵族,王权也因此大为增强。然而,此举却触犯了一部分旧贵族的利益,引起了他们的强烈不满。

公元 629 年,吐蕃的部分旧贵族毒死朗日松赞,随后举兵叛乱,占据了很多地区。吐蕃西部的羊同,也与

叛乱贵族内外呼应;吐蕃属国苏毗的王子,也趁机发兵攻打吐蕃,进行复国活动。

在这样的危急时刻,年仅十二岁的松赞干布,继承了父亲的赞普之位。他虽然还未成年,但却丝毫没有被当前的形势吓倒,反而依靠依然忠于自己的力量,一方面坚决抵抗叛乱势力的进攻,一方面追查阴谋毒害他父亲的人。经过一番追查,他终于查办了毒害自己父亲的主谋。

接着,松赞干布亲自渡过雅鲁藏布江到吉曲河谷地区进行巡视,受到逻些贵族、庶民的欢迎和拥戴。当地的人们还向松赞干布进献贡品,并表示效忠。松赞干布见到支持他的人非常多,就对统一吐蕃增强了信心。

在经历很多事情之后,松赞干布的性格变得沉默寡言,显得更加少年老成,很多人都觉得他更符合松赞干布这一尊号了。在藏语中,松赞,是端庄尊严的意思;干布,是深邃沉宏的意思。

松赞干布不断结交中小贵族,并深入民间问民疾苦,厚赏士卒。经过三年的时间,松赞干布训练出了一支对自己忠心耿耿的精锐部队。大约在公元632年,他开始出兵平定叛乱。

在人心归服、将士听命的情况下,松赞干布很快就收复了叛乱者所占据的地方,并把他们所占有的土地、百姓和军队完全收归在了赞普的统辖之下,吐蕃的统一又得到了恢复。吐蕃旧贵族受到严重打击,他们丧失了原有的特权。

松赞干布统一吐蕃以后,便产生了将都城迁到逻些的想法。这是因为,他在出兵平叛之前,曾在这里召集士卒、训练军队,并与这里的部落首领及百姓建立了深厚感情。特别是他平定叛乱时所用的兵力,基本上

都是这里的部落成员。如果他想控制这支军队,就不能远离这个地区。

位于雅隆河谷的吐蕃旧都,虽然是吐蕃文化的发祥地,但是由于父亲朗日松赞在那里被害,松赞干布始终对那里的旧贵族心存疑惧。

逻些风景秀美、地势险要、易守难攻,北有唐古拉山作为屏障,西邻羊同,南依广阔的雅隆河谷,它还曾是苏毗的根据地,具有高原政治中心的地位。所以,迁都逻些,更有利于防御北面的苏毗、西方的羊同。出于这些因素的考虑,在平定叛乱后,松赞干布和大相尚囊等人根据形势,决定迁都到逻些。

公元633年,松赞干布正式把都城迁到了逻些。此后,许多依山而居的部落也纷纷迁到河谷平原中居住,从事农业的人变得更多了,吐蕃的社会经济也得到了进一步发展。

　　松赞干布在稳定政权以后，派兼具政治、军事才能的大相尚囊，对邻近的苏毗发动了攻击。

　　尚囊采取了招抚的办法，他在苏毗境内宣传松赞干布接纳归附者的政策，对苏毗庶民同等对待，使之安居乐业，并允许苏毗贵族保留自己的领地，按规定缴纳贡赋即可。苏毗各部闻讯纷纷归服，从此吐蕃的国土扩展到青海南部。

　　在吐蕃西北部有羊同。羊同是古羌人建立的古象雄王国，在今西藏阿里地区，以畜牧业为主。羊同国由四个比较大的部落组成，国内设有四大臣，负责管理国家日常事务。大约在松赞干布的祖父做吐蕃赞普时，羊同王里格奈舒加强了对四大部落的控制，使羊同的势力进一步增强。在朗日松赞时，羊同曾与吐蕃联姻。

　　在平定国内叛乱以后，松赞干布亲自征讨羊同，羊同再次臣服吐蕃。后来，松赞干布将妹妹赛玛噶公主

嫁给了羊同王为妃,对羊同进行了笼络。

公元638年,松赞干布攻打吐谷浑并进兵唐朝边境时,羊同也出兵随征,他们也曾派人与吐蕃使臣一起朝见唐太宗。但是,羊同王不甘心臣属于吐蕃,他对吐蕃频繁征调财物的行为深为怨恨,并屡次反叛吐蕃,双方之间经常发生军事冲突。羊同王非常宠爱原有的王妃,对赛玛噶公主十分疏远,因此赛玛噶公主也决意消灭羊同王。

后来,松赞干布发兵攻入羊同,杀了羊同王,羊同部属都归附了吐蕃,被松赞干布收为编民。此后,羊同人和吐蕃人的经济文化关系更加密切,双方逐渐融合形成了统一的民族。

在松赞干布迁都逻些以后,喜马拉雅山南麓的尼婆罗国(今尼泊尔)也开始与吐蕃通婚。当时的尼婆罗国已经进入了封建社会,经济文化都很发达。

尼婆罗国王实行重商政策,极力开展对外贸易。

尼婆罗的工艺品极为精巧,其雕刻、绘画、建筑等都达到了很高水平。为了向吐蕃推销手工艺品,尼婆罗国王主动派使者到吐蕃商谈通婚事宜,以便更好地发展两国间的经贸关系。当时的松赞干布正在建设新都,也迫切需要尼婆罗工匠的帮助,因此就立即答应迎娶尼婆罗国王的女儿墀尊公主。就这样,墀尊公主进入吐蕃,吐蕃和尼婆罗的关系变得更为亲密了。

松赞干布迁都以后,采取了一系列加强与巩固政权的措施。为了促进国家的团结统一,缓解各个阶层之间的矛盾,松赞干布定期与群臣举行盟会,每年一次小盟,三年一次大盟,由此安抚了人心。

松赞干布还效仿唐朝,建立了宰相制度,设宰相一人、副相两人,还委任官吏,让他们主管法律、赋税、外交等事务。由于松赞干布做到了知人善任,选任了一

批得力的官员,吐蕃王朝日益强盛壮大起来。

松赞干布还推行了经济改革,他在唐朝均田制的基础上,结合吐蕃的实际,推行了具有自己特色的均田制。他把王田和一部分国家财物分给了贫苦的平民,让他们开拓荒地,作为良田牧场。他还制造了很多绿册,用来登记平民的户口和耕地、牧场的面积。同时,他还采取许多措施,鼓励百姓学习和运用先进的农业生产技术,使吐蕃的社会生产力得到了充足的发展。

当时,吐蕃并没有属于本国的文字,松赞干布派遣以大臣吞弥·桑布扎为首的十六名青年才俊,前往西亚、南亚国家学习,并参考他们的文字,制定了属于自己民族的新文字——藏文。藏文的创立,为藏族文化的传承和发展奠定了良好的基础。

在松赞干布的精心治理下,吐蕃成为一个强盛的国家。

松赞干布修建布达拉宫

在文成公主来到逻些前后,松赞干布为她建造了布达拉宫。其实,松赞干布在向唐王朝求娶文成公主之前,就已经准备好了要为唐朝的公主做一些事情。

当时,吐蕃王朝虽然正处于强盛时期,但吐蕃人是住在帐篷里的,松赞干布担心从大唐而来的公主住不惯帐篷,便想模仿大唐的宫苑,为公主修建一座宫殿,并以此来慰藉公主的思乡之情。

于是,松赞干布就率领大臣、部属来到逻些附近的玛布日山,因为其岩体略呈红色,所以又称为红山。松

赞干布经过仔细勘察,决定截断吉曲河的北河道,使河水傍着山南流淌。这样一来,红山的周围就会显露出一大片平野。这片平野便成为松赞干布修建宫殿的地址。

松赞干布选好地址以后,便开始派工匠们修建宫殿。工匠们首先在红山筑起了三道围墙,然后在围城当中修起了堡垒式的宫室九百九十九间,又在红山顶上修建一间宫室来凑足千间之数。这些宫室中都装饰有金铃、珍珠网等物,显得十分壮丽。

由于松赞干布在此宫殿里放置了一尊观世音菩萨佛像,所以他就用佛经中菩萨的住地——布达拉来给宫殿命名。又因为这座宫殿建立在红山上,所以当地的人们也称它为红宫、红山宫。

公元 641 年,布达拉宫修成后,松赞干布便迁入宫里处理朝政。从此,这里也就成了吐蕃王朝的正式

松赞干布为文成公主在红山修建宫殿，
后渐在此基础上修成布达拉宫

王宫。

在布达拉宫的周围,一般的吐蕃人大多住在黑色的帐篷里,这些帐篷是用绳子简单拉起来的,建得很不稳固,而且难以抵挡风寒。

于是,文成公主开始带着工匠们教当地人建造房屋。吐蕃民众才开始从帐篷里搬到了由卵石、石块砌成的建筑里面生活。

就这样,围绕着布达拉宫,许多大大小小的建筑开始耸立起来。直至如今,在那里仍然能够看到完全用卵石、石块垒砌的高墙,也能看到用夯筑工艺盖房时的情景。这些都足以说明文成公主对吐蕃建筑的影响。

文成公主及其随员赴吐蕃图(壁画)

与墀尊公主共建大昭寺

　　文成公主并不是松赞干布的第一位妻子。松赞干布早年曾娶过一位吐蕃女子，叫孟氏妃赤尊，她还生下了一个儿子，名叫贡日贡赞。之后又娶了尼婆罗国王的女儿墀尊公主，这位公主在吐蕃被尊为白度母（藏传佛教的神灵，相传为观世音菩萨的左眼眼泪所化）的化身。

　　松赞干布娶墀尊公主的时间，在公元634年。所以，当贞观十五年（641年）文成公主嫁入吐蕃时，墀尊公主已在吐蕃生活多年了。墀尊公主的年龄比文成公主大了好几岁,她们俩都深受吐蕃百姓的爱戴。时至今日,在许多寺庙里,她们的雕像都一左一右供奉在松赞干布两旁。

墀尊公主本人来自佛祖的出生地尼婆罗,她曾从尼婆罗带来了佛教至宝——释迦牟尼佛的八岁等身像。为了供奉佛像,她便提出在吐蕃的首都逻些修建一座大昭寺的请求。松赞干布答应了她的要求,并派人选址建造。这项工程在文成公主到来之前就已经开始了。

可是,大昭寺的墙却随建随塌,很久都没有建起来。来到吐蕃的文成公主听到这个消息后,仔细了解情况,找到了一个建造寺院的最佳方位。在当时,那里是一片沼泽,名为卧塘湖。文成公主建议把寺院修在那里。可是,墀尊公主碍于面子,不太愿意接受文成公主的建议。

尺尊公主的心思,被松赞干布察觉到了。有一天,他请尺尊公主一同散心,两人并肩骑马,一路上有说有笑。可是,当松赞干布问起寺院选址的事情时,尺尊公主就有些不高兴了。

这时,胸有成竹的松赞干布,从尺尊公主的手上摘下一枚戒指,对她说:"这样吧,我将戒指抛向天空,它在哪里落下,就在哪里建寺,一切都让上天决定吧!"

松赞干布扔下的戒指,正好落在那片卧塘湖中。聪明的尺尊公主立刻就明白了赞普的苦心。于是,她便同意在那片湖水中修建大昭寺。

在施工时,文成公主想出了一个让山羊背土填湖的方法,不仅节省了人力,也缩短了工期。所以,那个地方又有了一个意为山羊之地(惹萨)的名字。后来的拉萨之名,就是由惹萨、逻些演绎而来的。

施工期间,松赞干布与文成公主常常亲临现场,为

大昭寺

寺院的建造添砖加瓦。一天,一位正在大殿门上雕刻狮子的技匠因注视文成公主而走神,他手中的刻刀无意间削掉了狮子的鼻子。他惊慌失色,赶忙跪下请罪。文成公主为人宽厚,并未惩治那个匠人。为了顾全整座寺院装潢造型的统一和谐,她下令将寺内所有狮子雕像全部削去鼻子。这样一来,无鼻狮便成了大昭寺的一绝。

寺内有一棵柳树据传由文成公主亲手种植,当地人称之为公主柳。如今柳树的枝条依然繁茂,上面挂满了藏传佛教信徒们敬献的洁白哈达。

如今,大昭寺内有很多关于大昭寺建寺故事的壁画。它们生动形象地绘出了公元7世纪时的早期布达拉宫的样子,以及当年填湖建大昭寺的情景。

大昭寺的建筑风格,尤其是在飞檐重阁、石狮装饰上的设计,就与内地佛寺如出一辙。总之,大昭寺融合了藏、唐等建筑风格,是藏式宗教建筑的典范。

主持修建小昭寺

相传,佛祖释迦牟尼圆寂前曾经塑造过三尊等身塑像,并亲自为其开光,分别是他八岁、十二岁、二十五岁等身塑像。佛祖曾说过,见这三尊塑像如见佛祖本人。其中,二十五岁等身像是最高大的,但是它不幸遗失,早已不知去向。

然而,让西藏人民感到无比自豪的是,佛祖的另外两尊等身像都被人带到了西藏:其八岁等身像由墀尊公主带入吐蕃,松赞干布为其建有大昭寺;其十二岁等身像由文成公主带入吐蕃,松赞干布为其建有小昭寺。

　　小昭寺又名上密院,藏语叫居堆巴扎仓,与大昭寺并称拉萨二昭,它位于今拉萨城的东北部。

　　相传,文成公主曾带着十二岁的释迦牟尼等身像进入吐蕃。一天,她乘坐的木车陷入了沙地之中。她通过推算,得知此处是龙宫所在地。所以,她决定把释迦牟尼佛像安放在此地,并修建一座寺院来供奉它,如此既能震慑龙魔,又能使国运昌盛。

　　文成公主在那里主持修建的寺院,就是后来的小昭寺,它与大昭寺同时开工、同时告竣,同时开光。为了建设小昭寺,文成公主还特地用了从内地带来的能工巧匠,以汉地庙宇为模式,结合藏地建筑特点,建成了极为壮观的重楼叠阁。小昭寺的整体建筑,经过一年时间建设而顺利竣工。

　　随后,松赞干布举行大庆筵,为之开光,声势浩大、壮观。小昭寺门面向东方,寄托着文成公主对家乡的思念。

吐蕃百姓为了表示敬意,就在佛像前献上了很多贡品。按传统佛教的习俗,供奉佛祖和菩萨的贡品有六色,即花、涂香、圣水、瓦香、果品、佛灯。可是,在草枯花逝的时节,人们无法采撷鲜花,所以工匠们就独出心裁地用酥油塑造了一束花献于佛前。从此以后,酥油花就成为一种藏传佛教特有的贡品和艺术。

酥油花是一种油塑工艺品,以酥油为主要制作原料。酥油是青藏高原藏族等牧民的奶油类食物,是从经过反复搅拌后的牛奶中提出的黄白色油脂。这种油脂呈凝固状,柔软细腻,色泽纯洁,清香扑鼻,可塑性极强。用其塑造出来的工艺品,具有形象逼真、色彩鲜艳、精巧玲珑等特点。

原先文成公主带来的佛祖十二岁等身像供奉在小昭寺,而墀尊公主带来的佛祖八岁等身像供奉在

文成公主传

小昭寺

大昭寺。后来,武则天当政期间,吐蕃人听说武则天想向吐蕃王朝要回文成公主带走的佛像,于是赶紧将佛像移至大昭寺的一间屋子里藏了起来。

后来,唐朝的金城公主进藏和亲时,人们又把佛祖的八岁等身像移至小昭寺供奉,并找出佛祖十二岁等身像放在了大昭寺中供奉。从此,两尊佛像便易寺而居。

再后来,小昭寺几经火焚,如今人们看见的小昭寺建筑大多是后来重修的,只有位于底层的神殿仍是早期的建筑,殿内的十根柱子依稀可见吐蕃遗风:上面镂刻着莲花,并雕有花草、卷云、珠宝、六字真言。

后来重建的小昭寺主楼分为三层,底层分门庭、经堂、佛殿三部分,周围是转经廊道,廊壁上遍绘无量寿佛像。其顶层是汉式金瓦,金光闪闪,人们从拉萨的各

个方位均能看到,蔚为壮观。

小昭寺反映出了文成公主对佛教的虔诚信仰,也见证了文成公主对西藏文化的深远影响。

对佛教文化的传播

在文成公主入吐蕃之前，吐蕃盛行古象雄佛法雍仲本教。它起源于古象雄的冈底斯山（今西藏西部的冈底斯山）一带，以显、密、大圆满的理论为基础，以皈依三宝为根本，倡导济世救人、导人向善，有着自己圆满成佛的诀窍，是吐蕃最古老的佛法。

辉煌灿烂的古象雄文明，就是以雍仲本教的传播为主线而发展起来的。雍仲本教可以当之无愧地称为藏文化、藏传佛教的源泉，它在生活民俗、礼仪规范、天文历算、藏医、藏文、宗教信仰、政教制度，以及歌舞绘

画艺术等方面,都对早期藏地文化的发展产生了深远影响。

直到7世纪中叶,松赞干布娶了尼婆罗国的墀尊公主、唐朝的文成公主后,吐蕃才开始慢慢接触尼婆罗系佛教、汉传佛教。

两位公主和松赞干布能够在吐蕃成功地弘扬佛教,有几个很重要的原因。一是他们处理好了佛教徒与当地本教教徒的关系。比如,两位公主和松赞干布曾经迁就本教,在建寺方面采用了许多本教的文化元素。

在吐蕃,文成公主还改变了汉地佛教的戒律戒规,允许僧人信徒食肉。因为牧区的牛羊是牧民们最重要的生计,乳、肉是主要的食物来源,吐蕃教徒很难坚持不吃肉的戒条,所以文成公主就因地制宜地做了变通。

还有一点就是对佛经的翻译工程,无论是文成公主带去的汉译佛经,还是梵文佛经,不翻译成吐蕃文是难以流传的。所以,从松赞干布开始,当地的学者便用新创制的吐蕃文译经,译成的吐蕃文的佛经称为《甘珠尔》。《甘珠尔》工程对藏传佛教的流传影响很大。

藏传佛教的发展也推动了吐蕃的法治建设。松赞干布即位之初,吐蕃几乎没有成文法律。文成公主来到吐蕃后,开始劝说松赞干布立法。松赞干布参照佛经上所说的十善戒,制定了几项法律,如:斗殴者要受罚,杀人者要偿命,盗窃者要加八倍罚款,奸淫者要断肢体并被流放,欺妄者要割舌等。松赞干布后来又创制了十六条社会伦理法:

一是敬信三宝(指佛、法、僧三宝);二是修行正法;三是孝敬父母;四是恭敬有德;五是敬重尊长;六是交友以信;七是利益国人;八是心性正直;

九是景慕贤哲；十是善用资财；十一是以德报恩；十二是秤斗无欺；十三是不相嫉妒；十四是不听妇言；十五是和婉善语；十六是心量宽宏。

文成公主利用自己的影响力在吐蕃传播佛教向善的信仰，帮助松赞干布赢得了观音化身的美誉，不仅成就了夫君的事业和声誉，也造就了自己作为绿度母的菩萨形象，因而深受广大吐蕃百姓的爱戴。

传播丝绸、农作物、茶、造纸术

松赞干布初次见到文成公主的送亲队伍时,就被唐朝华丽炫目的服装折服了,感到自己族人的衣服过于简陋。

到了逻些城后,文成公主将使者从唐朝带来的蚕种分发给百姓,亲自教他们如何养殖。不久以后,文成公主和从长安来的工匠们,便教会了吐蕃人用蚕丝织布、用绸缎裁剪衣服的方法。直至如今,藏族男女仍然会穿使用锦缎材料织成的华丽衣袍。

在文成公主入吐蕃前,那里的牧民饮食一般比较

简单,除了奶、肉,很少有蔬菜和水果。这样的饮食结构,不利于身体健康。

文成公主到吐蕃时,带来了许多粮食、蔬菜的种子。这些种子在日后开花结果,由此带来的各种食物不仅是她自己的生活保障,也丰富了吐蕃人民的饮食。在如今的玉树,还流传有公主教当地人们种菜种粮的故事。

此外,文成公主也把饮茶之风传入了吐蕃,她还发明了酥油茶。在文成公主入藏以前,吐蕃地区不产茶。自文成公主入藏时带去了皇宫的贡茶,其稀罕程度大有"蕃人食乳酪,不得茶则困以病"的说法。唐朝皇帝的女儿爱喝茶,就起到了"上有所好,下有所效"的作用,而迅速地在吐蕃地区得以传播。

香喷喷、油滋滋的酥油茶,是文成公主经过反复调制后做成的。酥油茶的制作工艺简要如下:将煮沸的茶水倒入酥油桶内,加入适量的酥油、盐,用桶内的木杵上下捣拌,使茶水、酥油、盐交融成乳状,烤热饮用。

酥油茶的营养价值极高,又有茶饭合一的妙处。藏族同胞是离不开酥油茶的,因为他们多食用肉、乳品,需要茶来帮助消化。这样一来,他们就养成了"其腥肉之食,非茶不消;青稞之热,非茶不解"的生活方式。

吐蕃造纸术的发展,也和文成公主密不可分。原来的吐蕃人只知用刻木办法记事,根本不知道用纸。文成公主上书唐太宗,请求他派出造纸的工匠到吐蕃传授技术。

当时,正赶上唐太宗病亡,刚即位的唐高宗看到文成公主的上书后,立即选派技艺高超的工匠带着造纸工具,前往吐蕃地区建立造纸工场。

然而,吐蕃的高原气候和内地的气候有所不同,那里既没有竹子、楮皮,也缺少破麻布、旧渔网等造纸材

料。造纸工匠进入"世界屋脊"吐蕃后,只能就地取材,发掘新材料。最终,他们在山区的高地上找到了当地的一些树种,采取其皮作为造纸材料。

在抄纸(将纸浆制成纸张的工艺过程)方面,工匠们刚开始使用的是自己带去的竹帘抄纸法。后来竹帘因使用过久而磨坏了,工匠们就改用原始的麻布帘抄纸法。由于麻布帘很长,一般在一丈左右,所以工匠们只能在小溪水面上进行抄纸,这样造出来的纸张也比较稀薄。

后来,工匠们又改进了麻布帘抄纸法,造出了厚而韧、表面光滑的纸张。这种纸的两面都可以写字,从而大大促进了吐蕃的文化传播。

松赞干布去世

松赞干布自从于唐太宗贞观十五年（641年）迎娶文成公主后，一直将自己当成是大唐天子的女婿。贞观二十三年（649年），松赞干布受封为驸马都尉、西海郡王。

贞观二十三年，唐太宗去世，唐高宗李治即位。于是，松赞干布写了封信给唐朝的宰相长孙无忌。他在信中说，为了表示对唐太宗的追思，自己准备了黄金珠宝十五种向唐太宗的陵墓致祭。

信中还说："天子初即位，下有不忠者，愿勒兵赴国

共讨之。"从他的这句话中,我们不难看到当时唐朝、吐蕃的友好程度。

为了回应松赞干布表现出来的友好姿态,刚继位不久的唐高宗在永徽元年(650年)进封松赞干布为賨王。但是,在册封文书送到吐蕃之前,松赞干布就已经去世了。

接着,唐高宗派遣右武卫将军鲜于匡济,带着文书前往吊祭松赞干布。松赞干布的离世,不仅是文成公主的悲哀,更是吐蕃人民的悲哀。

松赞干布墓内共设有五个神殿,殿内供有松赞干布、释迦牟尼和观世音的塑像,还有大量的金银、珍珠、玛瑙等随葬品。陵墓大门朝西南开,面向的是释迦牟尼的故乡,以示对佛的虔诚。陵墓的左侧埋有松赞干布的金盔甲、珍珠,是为财产;右侧埋有纯金制作的骑士、战马,是为侍从。

松赞干布陵顶正中原有祭祠一座，内有明楼二十余间。祠堂的东南西北各有小殿一座。祠内供有松赞干布、文成公主、墀尊公主、禄东赞等人的塑像。如今，由于年代久远，原有建筑已经残毁。后世人们将祠庙和内部塑像恢复后，参观朝拜的藏汉各族人民络绎不绝。

松赞干布雕像

文成公主雕像

唐蕃交恶

由于松赞干布唯一的儿子贡日贡赞已先他而去，所以，在他死后，他的幼孙芒松芒赞被立为赞普。禄东赞继续担任国相，辅佐芒松芒赞。

唐高宗显庆三年（658年），禄东赞再次来到唐朝，为年幼的新王提亲，但却遭到拒绝。后来，吐蕃与吐谷浑再次发生冲突，吐谷浑王诺曷钵、弘化公主败走凉州，他们希望唐王朝能够收容吐谷浑。

于是，禄东赞就派遣仲琮到唐王朝解释出兵吐谷浑的原因，说是因为吐谷浑犯有错误。实际上，他是想吞并吐谷浑,把吐蕃的地盘扩充到整个青海地区。

唐王朝还派遣使者谯让去调停,但是仍然没有结果。禄东赞晚年一直坐镇吐谷浑故地,于唐高宗乾封二年(667年)在回吐蕃的途中死去。

此后,禄东赞的次子论钦陵、三子赞婆把持了政权。在企图谋取丝路商道的弓月部落的利益引诱之下,兄弟两人继续向西域扩张,这就与唐王朝直接发生了冲突。据记载,弓月是一个以西突厥曾经的中心城市弓月城(在今新疆霍城)为基地的粟特胡人部落。唐蕃关系的恶化,与这股势力的介入有着很大的关系。

由于吐蕃军队的进攻,唐太宗贞观二十二年(648年)设置的龟兹、于阗、焉耆、疏勒安西四镇,在唐高宗咸亨元年(670年)四月全被吐蕃攻陷了。于是,唐高宗当即命令名将薛仁贵等人带兵反击吐蕃,并把吐谷浑王送回吐谷浑故地。

不料,薛仁贵带领的军队在大非川大败于论钦陵统领的四十万吐蕃军,唐军损失十余万人。自此,唐蕃关系进一步交恶,双方战事不断。吐谷浑也作为一个部族体,散居在了青海、甘肃、陕西、宁夏等地,分别归吐蕃、唐朝统治。

也正是因为在西边与吐蕃起了战火,唐军在唐高宗总章元年(668 年)占领平壤,平百济、高句丽后不久,又退出了朝鲜半岛,无力东顾。新罗乘机统一了朝鲜半岛,并将唐军挤出了朝鲜半岛。

在唐朝、吐蕃交战期间,吐蕃并没有断绝与唐朝的通使。唐高宗咸亨三年(672 年),吐蕃大臣仲琮来唐进贡,唐高宗责问他吞灭吐谷浑、打败薛仁贵之事,仲琮狡黠地回避问题,推说:"臣受命贡献而已。军旅之事,非所闻也。"

文成公主去世

　　唐高宗仪凤四年(679年),吐蕃赞普芒松芒赞去世,论钦陵拥立芒松芒赞年仅八岁的儿子器弩悉弄(即"杜松芒波杰",《新唐书》作"器弩悉弄")为赞普,他就是赤都松赞。文成公主为了唐蕃的友好,派大臣前往大唐请求和亲。这是文成公主去世前为了恢复唐蕃友好关系所做的最后努力,也为三十年后金城公主和亲吐蕃做了铺垫。

　　晚年的文成公主,寡居三十年。她膝下无子无女。当年和她一起到吐蕃的侍从、婢仆,经过了三四十年也

都走的走、死的死,所以她举目无亲。

文成公主晚年不仅孤独寂寞,而且常常感到痛苦和无奈。她眼看着故国和吐蕃两边的亲人一战再战,导致生灵涂炭,内心极度悲伤,以至于她的神经非常紧张,几近于崩溃。

后来的人们一度盛传文成公主精神失常,这也是不难理解的。唐高宗永隆元年(680年)十月,文成公主因患天花在吐蕃去世,享年五十六岁。文成公主的一生,为大唐和吐蕃作出了太多的付出和牺牲。

在文成公主去世后,唐高宗派遣使臣专程前往吐蕃吊祭。文成公主的葬礼办得非常隆重,她被埋葬到了藏王墓,与松赞干布一起长眠于此。此后,在墓陵上的祭殿里,公主的塑像和松赞干布的塑像,一起享用着人们千百年不断的香火供奉。

吐蕃人信仰佛教,他们是非常朴实、崇尚感恩的,对于为本地发展、人们生活改善作出了重大贡献的人，他们都会用自己的独特方式去隆重纪念。富有民族史诗传统的、能将伟大英雄史诗《格萨尔王传》口口相传到后世的藏族人民，曾用优美动人的民歌来赞美文成公主进吐蕃后所作出的杰出贡献：

> 从汉族地区来的文成公主，
>
> 带来了各种粮食三千八百种，
>
> 给吐蕃粮库打下了坚实的基础；
>
> 从汉族地区来的文成公主，
>
> 带来了各种手艺的工匠五千五百人，
>
> 给吐蕃工艺打开了发展的大门；
>
> 从汉族地区来的文成公主，
>
> 带来了各种牲畜五千五百种，
>
> 使吐蕃的乳酪酥油从此年年丰收；
>
> ……

吐蕃人民还在各地修建了许多文成公主庙,以纪念文成公主的功绩。这种单独建庙供奉的待遇,是松赞干布的其余任何后妃都没有的。

吐蕃人民还将文成公主视为神灵绿度母的化身。度母,又称救度母,是救苦救难观世音菩萨的化身。绿度母菩萨是藏传佛教二十一度母之首。

吐蕃人民世世代代把文成公主视为菩萨,把她的雕塑供奉在寺院中,由万民敬仰,受持香火。

第四章　后世影响

金城公主带来的慰藉

公元690年，武则天自立为帝，改国号为周，定都洛阳，称为神都。两年后，武周军队从吐蕃手中逐渐收回了龟兹、于阗、疏勒、焉耆安西四镇。在唐蕃的纷争中，唐王朝重新占据了上风。

后来，吐蕃又派遣使者来到唐朝请和，把持朝政的论钦陵还曾请唐朝撤去安西四镇兵，并将突厥十姓之地（在今新疆境内）分给吐蕃，但是武则天没有答应。

器弩悉弄赞普长大以后，打算收回旁落的国事大权。公元699年二月，赞普与大臣们趁论钦陵外出之机，

捕杀了其亲信党羽两千余人,随后召论钦陵来朝。论钦陵自知必死无疑,便举兵抗命。赞普出兵讨伐,结果论钦陵兵败自杀身亡。

在论钦陵死后,其弟赞婆于同年四月率部千余人降唐。于是,武则天封赞婆为归德王、右卫大将军,令其率部众镇守洪源谷。接着,论钦陵的儿子弓仁,也率吐谷浑七千余帐归附大唐,被任命为左玉钤卫将军、酒泉郡公,后又担任左骁卫大将军、朔方副大使。

武则天长安二年(702 年),吐蕃再次派使者到唐王朝求和。这一回,武则天在麟德殿宴请了前来的使者。

第二年,吐蕃又遣使者献马千匹、金两千两以求婚。这一回,武则天终于答应和亲。但是,不久之后,器弩悉弄赞普在前往平定吐蕃南境的叛乱时死于军中,因此未能成婚。

然而,吐蕃并没有放弃与唐王朝再次和亲的努力。

器弩悉弄之子赤德祖赞继位之时虽然年幼,但是他的祖母赤玛类仍然派遣大臣悉薰然来到唐王朝为其请婚。这时候,唐中宗李显已经恢复了皇位。

唐中宗神龙三年(706年),唐中宗委派仆射豆卢钦望、魏元忠等与吐蕃宰相等人划界定盟,达成了初步的政治和解,再次掀开了两国和好的序幕。这次盟会被称作神龙会盟。

后来,唐中宗便将雍王李守礼的女儿封为金城公主,许嫁给了赤德祖赞。雍王李守礼是唐高宗次子、唐中宗二哥章怀太子李贤的长子。不过,由于李贤与自己的生母武则天不和,所以武则天就废掉了他的太子之位,并将他杀害。

后来,李守礼兄弟被禁闭在宫中,每年被祖母武则天赐数顿敕杖,每次都被打得浑身是伤,结果落下了风湿的毛病。直到唐中宗复位后,他才作为皇侄恢复了

王爷的身份。所以,当唐中宗命他的女儿充当和亲的角色远去吐蕃时,他并没有反对。

其实,唐中宗对他的侄孙女金城公主很是厚爱。景龙四年(710年)正月,唐中宗为和亲一事专门下了诏书,内容为:

圣人布化,用百姓为心;王者垂仁,以八荒无外。故能光宅遐迩,裁成品物。由是隆周理历,恢柔远之图;强汉乘时,建和亲之议。斯盖御宇长策,经邦茂范。朕受命上灵,克纂洪业,庶几前烈,永致和平。

睠彼吐蕃,僻在西服,皇运之始,早申朝贡。太宗文武圣皇帝德侔覆载,情深亿兆,思偃兵甲,遂通姻好,数十年,一方清净。自文成公主往化其国,因多变革,我之边隅,亟兴师旅,彼之蕃落,颇闻凋散。

顷者赞普及祖母可敦、酋长等,屡披诚款,积有岁时,思托旧亲,请崇亲好。金城公主,朕之少女,岂不钟念,但为人父母,志息黎元,若允乃诚祈,更敦和好,则边土宁晏,兵役服息。遂割深慈,为国大计,筑兹外馆,聿膺嘉礼,降彼吐蕃赞普,即以今月进发,朕亲自送于郊外。

唐中宗本来想选派宰相纪处讷、中书侍郎赵彦昭担任送亲使,但是他们都因为畏惧跋涉七千里唐蕃古道的艰难,就以自己不熟悉边事为由坚决推辞了。唐中宗只好以左卫大将军杨矩充当送亲使。

唐中宗把金城公主亲自送到郊外。唐朝皇帝的这一隆重而亲切的送别,让吐蕃迎亲使者直接感受到了金城公主的尊严,金城公主也更明白了自己肩负着的和睦唐蕃关系的重大责任。

金城公主在途经玉树时,为保护文成公主留下的雕像,为其修了窟前建筑,这就是后来的文成公主庙。

等金城公主到了吐蕃之后,这时的赞普和当年松赞干布对待文成公主一样,为金城公主修建了新的居住地。金城公主赴吐蕃时,还带去了几万匹绫罗绸缎、大量乐器等,以及大批工匠。

金城公主出嫁吐蕃后不久,景龙四年(710年)六月,唐中宗被毒杀,唐睿宗李旦即位,改元景云。

接下来,唐蕃在剑南、西域屡次发生冲突。吐蕃以此为借口,指责唐朝违背了盟约,并要求唐朝作出相应的领土赔偿。吐蕃利诱都州都督杨矩,以给金城公主修筑汤沐地的名义,奏请唐朝割让河西九曲之地给吐蕃。唐睿宗答应了奏请,于是吐蕃军队就在九曲之地长久留驻了。

九曲的范围,涵盖了后来的青海的黄南、海南藏族自治州的大部分地方。那里靠近唐朝边境,土地肥沃、水草丰美,既能屯兵,又可以放牧。吐蕃在当地设置了独山、九曲两军,并在黄河上架桥,之后频频侵扰唐朝边境。

唐睿宗太极元年(712年),赤玛类驾崩。年仅九岁的赤德祖赞开始亲政,由主战派强硬人物坌达延与大相乞力徐共同辅政。

因为吐蕃新取得的河曲之地没有在盟约中被唐朝承认,所以,为了使唐朝承认自己占领九曲之地的合法性,吐蕃于公元712年数次遣使前往唐朝要求重写盟约,但是唐朝均未同意。

唐玄宗先天二年(713年),吐蕃以金城公主名义,将赤玛类的死讯通知了唐王朝,唐玄宗命令宗正卿李敬宗持节赶赴吐蕃参加会葬仪式。吐蕃又遣使求和。

坌达延在唐蕃边境屯集兵马,并致书唐朝宰相,请唐朝把河源定为边境,使两国具有稳定的边疆,然后结为友好盟国。

六月,吐蕃派遣名悉腊到达长安敦促。唐朝答应了吐蕃会勘边界的请求,派左散骑常侍解琬奔赴河源。在谈判中,吐蕃一再施加压力,要求修改界约,解琬据约严拒。于是,两族会盟彻底破裂。

七月,坌达延领兵十万人侵扰临洮、兰州、渭州,大肆进行杀掠。唐朝被迫全力对付吐蕃。

八月,唐玄宗下达诏书,"大募壮勇士从军",任命名将薛仁贵之子薛讷为陇右防御使,抵御吐蕃。唐军在大来谷口、武街谷、长城堡等地打败了吐蕃,迫使其退守到洮河以西之地。

十月,唐王朝诏令河西、陇右各地清理战场,要求所在州、县掩埋蕃军尸骸,并派遣使者慰问安抚金城公主。此时的吐蕃也派大臣请和,但是由于使臣态度傲慢,唐玄宗没有答应。

十二月,唐玄宗改元为开元,唐王朝在都州设置陇右节度使,以陇右防御副使郭知运为陇右诸军节度大使、鄯州都督,全面加强陇右地区的防御。

开元三年(715 年),吐蕃在西域、松州挑起事端,均被唐军击溃,只好放弃了与唐朝为敌的策略。

开元四年(716 年)八月,屡战屡败的吐蕃想要求和,金城公主以谢恩的名义向唐玄宗上《谢恩赐锦帛器物表》称:

现在时值仲夏炎热,希望皇帝兄长注意起居饮食。我曾见两国当年的舅甥盟约,希望现在还能像以前那样和好如初,若真能如此,我便如同获得再生、欣喜雀跃。皇帝兄长赏赐的金帛物品我都收下了,谨以金盏、羚羊衫和缎青长毛毡回赠。

开元五年(717 年),金城公主再次上表请和称:

我很平安，请皇帝兄长不必忧心。吐蕃的宰相对我说赞普想要请和，希望双方亲立誓文。以往皇帝不答应立誓，我嫁到吐蕃后双方和好。但如今边境战事不断，恐怕难以继续安宁。若只怜悯我远嫁他国而让皇帝兄长盟誓是不合理之事，但念在能使两国长治久安，恳请谨慎思量。

唐玄宗准许了金城公主求和的奏请。开元十年（722 年）至十七年，唐蕃战事再起，唐军屡次大败吐蕃。唐玄宗派遣皇甫惟明、张元方前往吐蕃向赞普和金城公主宣旨，要求和谈。吐蕃赞普答应请和，并上表称：

外甥迎娶公主，情义如同一家。之前是张玄表等人率先发起进攻，才使得边境战事紧张。外甥深知尊卑礼仪，怎敢失礼冒犯？实在是边境情况所迫，得罪了舅舅。如今承蒙远差使节前来看望公主,外甥不胜喜悦。若能两边修好,我死而无憾!

吐蕃因此再度依附唐朝,这是一件具有重大历史意义的事件。后来,吐蕃又派人到长安求取了《毛诗》《左传》等书籍。这样一来,汉族的工艺技术和文化典籍进一步传入了吐蕃。

就这样,在又一位和亲公主的影响下,唐蕃关系再次出现了积极成果,双方又罢兵和好。吐蕃也在经济文化方面表现出了明显的进步。

开元二十八年(740年),金城公主在吐蕃病逝。第二年,吐蕃使者抵达长安报丧。几个月后,唐玄宗辍朝三日,为金城公主举行哀悼。

金城公主入蕃三十年,以文成公主为榜样,力促唐蕃和盟,为两地文化交流贡献良多。此间唐蕃虽曾有过多次战争,但双方使臣往来频繁,仍以和好为主。

开元二十一年（733年），唐、蕃在赤岭定界刻碑，立下盟约互不侵扰，并在甘松岭设立了贸易市场，平息了边界持续数十年的战乱，造福了边疆百姓，也帮助唐王朝继续巩固繁荣景象。应当说，这次唐蕃会盟的促成，金城公主是功不可没的。

在金城公主去世后，她开启的双方会盟的协商机制，成为一项重要的遗产，在后来的许多年仍然不时地被人们采用。这种协商机制虽然不能彻底解决争端，但对缓和双方的关系起到了重要的作用。

唐蕃双方分别在唐肃宗元年（761年）、唐代宗永泰元年（765年）、唐德宗建中四年（783年）举行了会盟。

最为世人称道的，就是唐穆宗长庆元年（821年）唐蕃双方在长安的会盟。次年，唐朝派礼部侍郎刘元鼎到逻些参加会盟典礼，并在大昭寺前塑了一座唐蕃甥舅会盟碑，正式确立了唐蕃为甥舅关系。碑文写道：

南方门隅天竺,西方大食,北方突厥、湟麦,均畏服,争相朝贡,俯首听命。

东方有汉国,地极大海,日出之处,其国君与南面尼婆罗等国不同,教善德深。

盟誓中还说:

为了长远的利益,彼此要消除存在过的不和,爱惜舅甥的亲密关系,永远和好,互相援助。

此碑的前后两面,还刻着盟约的誓词,左右两侧刻着唐朝和吐蕃会盟使臣的姓名。

此碑共有三块:一块立在长安,一块立在交界处,一块立在逻些。如今,前两块碑已经找不到了,但是,在逻些的一块还完整地屹立在大昭寺门口。

这是汉蕃两族关系史上又一个重要的里程碑,它标志着两族友好关系的进一步发展。

唐蕃会盟碑

茶马互市

唐蕃双方的交往,促进了茶马互市的兴起,对繁荣农牧业经济、改善生活结构发挥了重要作用,在历史上有着深远的影响。

据记载,吐蕃曾在武则天天册万岁二年(696年)、唐玄宗开元十九年(731年)、唐宪宗元和十年(815年)三次派遣款塞使者(即"通好使臣")到唐朝,分别请求在益州西北边、赤岭和陇州设立互市,唐朝政府都同意了这些请求。这些唐蕃共同市场的建立,以及以茶叶马牛为主要商品的物资交流活动,对于唐蕃政权的巩

固和经济发展起到了不可低估的作用。

唐朝所需的战马、用于农业生产的耕牛,都通过互市得到了一定程度的补充。吐蕃也通过互市,得到了他们所需要的茶叶、缯彩等物品。双方广泛的贸易交往,大大促进了唐蕃两地经济的发展。

到了宋代,汉藏两地茶马互市的规模进一步扩大。政府还设立了掌管茶叶专卖、买马事宜的专门机构,也就是茶马司。由于宋朝设立了管理马匹买卖的机构,并对市场交易加强了管理,因而汉藏之间的互市贸易量大增,茶马交易也异常活跃了。

当时唃厮啰(guō sī luō)政权的都城所在地青唐城(今青海西宁),是一个重要的商业地,藏族部落之间除了进行日常的交易活动外,还会帮助宋朝买马。

元朝幅员广阔,马匹充足,政府没有必要用实物交换的方式去收拢马匹。政府对茶叶营销也实行国家专卖制度。所以,在元代,茶马互市有所衰落。

在明代,政府出于边防的需求,每年必须买到大批马匹来武装军队。由于"蕃人食乳酪,不得茶则困以病",于是,明朝承袭唐、宋的做法,继续与西北产马的少数民族开展茶马贸易。明代与茶马贸易配套的管理机构更为庞大,管理制度更加严密,茶马交易更为活跃,而且逐步趋于制度化。

清朝在沿袭明朝做法的同时,对明中期以来的茶马互市制度做了一些调整,使管理制度变得更加规范。

和亲公主,功在千秋

　　文成公主、金城公主的和亲,为历史上唐蕃关系的快速发展奠定了重要基础。首先,伴随着唐蕃古道的形成,唐蕃之间的政治经济联系不断加强,尤其是唐蕃使臣的相互往来逐渐频繁起来了。

　　据后世有关资料统计,自从唐太宗贞观八年(634年)吐蕃首次遣使入唐,至9世纪中叶吐蕃王朝崩溃,在两百多年间,唐蕃双方往来使臣多达两百多次。

　　这中间有朝贡、议盟、盟会、修好、和亲、告丧、吊祭、封赠、求请、报聘、慰问、约和等诸多表现汉藏团结友好

文成公主雕像

的活动,其中对汉藏关系影响最大、历史意义最深的来往就是汉藏间的和亲活动。

唐太宗贞观十五年(641年),唐朝文成公主和吐蕃松赞干布的联姻,标志着唐蕃政治关系迈出了亲善友好的历史性一步。而六十九年后金城公主再次入蕃,则使唐蕃之间的友好关系得到了延续和进一步发展。

双方频繁往来,在增进汉藏民族间了解的同时,也增进了两个民族间的友谊和融合。

如唐玄宗开元十八年(730年)、十九年吐蕃使者名悉腊和唐使皇甫惟明、崔琳等在长安和逻些的出使活动,就为开元二十二年赤岭划界树碑和设置贸易集市铺平了道路。

唐穆宗长庆元年(821年),吐蕃使者讷罗前往长安,同唐朝宰相崔植参与会盟;唐朝使者刘元鼎前往逻些,和赞普赤德祖赞举行了会盟。这两次会盟,对于重申"甥舅之好"和巩固、发展唐蕃"同为一家"的亲密友好关系起了极为重要的作用。

到了宋代时,唃厮啰政权在吐蕃故地崛起。作为当时西藏地区最有影响力的政治集团,唃厮啰政权与宋朝确立了君臣关系,使藏汉民族间的友好往来得到了延续和加强。从北宋真宗大中祥符元年(1008 年)至宋哲宗元符元年(1098 年)的九十年间,唃厮啰向宋朝进贡达八十次之多。

到了元代,包括后来西藏在内的藏族聚居区全部被纳入了中央王朝的统一管辖中,藏汉人民的交往和团结有了进一步的发展。

在明朝时,藏族聚居区僧俗首领对朝廷的朝贡往来更为常见,甚至由于藏区的朝贡过于频繁,明朝政府不得不作出限制性规定。当时藏汉之间的来往也是非常普遍的。

到了清朝,藏传佛教领袖达赖喇嘛、班禅两大系统的转世制度得以确立,新达赖喇嘛、班禅的确立都必须得到清朝皇帝的批准。达赖喇嘛、班禅每年须各遣使者朝贡一次。乾隆末年,清兵开进西藏,击败了蒙古廓尔喀部的侵扰,保全了中国领土的完整,解除了西藏人民的灾难。

进入近代以后,在英帝国的挑拨下,西藏与祖国一度出现了不正常的关系,汉藏两族也出现了一些隔阂。

1951年5月23日,西藏和平解放。在中国共产党的领导下,西藏人民实现了当家作主,建立起了中国历史上从未有过的民族平等、团结、友爱、互助的新型关系。藏族同其他各兄弟民族一样,在伟大的民族政策光辉的照耀下,迈向了幸福美满的社会主义大道。